Wilfried Koch
Waltraud Koch-Heuskel

Wer hören will, muss fühlen

Wilfried Koch
Waltraud Koch-Heuskel

Wer hören will, muss fühlen

Ein Buch für Eheleute, weil es Zeit für die Liebe ist
Eine Gelegenheit, frischen Wind in die Beziehung zu bringen Wege einer alltagstauglichen Ehespiritualität

Fromm Verlag

Imprint
Any brand names and product names mentioned in this book are subject to trademark, brand or patent protection and are trademarks or registered trademarks of their respective holders. The use of brand names, product names, common names, trade names, product descriptions etc. even without a particular marking in this work is in no way to be construed to mean that such names may be regarded as unrestricted in respect of trademark and brand protection legislation and could thus be used by anyone.

Cover image: Vom Autor bereitgestellt

Publisher:
Fromm Verlag
is a trademark of
International Book Market Service Ltd., member of OmniScriptum Publishing Group
17 Meldrum Street, Beau Bassin 71504, Mauritius

Printed at: see last page
ISBN: 978-613-8-35046-0

Waltraud Koch-Heuskel und Wilfried Koch

wer hören will, muss fühlen

Ein Buch für Eheleute, weil
es Zeit für die Liebe ist
Eine Gelegenheit, frischen Wind in die Beziehung zu bringen
Wege einer alltagstauglichen Ehespiritualität

Eine Darstellung des Engagements für die Ehe
nach Botschaft und Programm von Marriage Encounter (ME)
aus der Erfahrung der Autoren

Titelbild:

Collage von W.Koch: aus den Elementen des weltweiten Symbols von Marriage Encounter (ME) erstellt. (Fakten und Daten zu ME dazu finden Sie insbesondere auf den Seiten 8 und 61). Die Grafik-Bilder im Innern des Buches stammen ebenfalls von W.Koch

Themen und Stichworte des Buches

Texte die mit diesem Zeichen ꝏ (zwei ineinander verschränkte Eheringe) beginnen und mit diesem Zeichen enden, sind persönliche Zeugnisse der Autoren

Texte die zwischen zwei Sternen *.....* stehen, sind Auszüge aus einem Interview mit dem Priester Guido Heyrbaut, der am Anfang die ME-Botschaft nach Europa brachte und für deren Verbreitung sorgte. Das Interview trägt den Titel DIE GLÜCKS-SUCHER

Ein Wort zuvor: Der Titel erscheint merkwürdig. Eigentlich heißt diese Redewendung doch: „Wer n i c h t hören will, muss fühlen“ und war so etwas wie eine negative Auskunft für ein Kind, das nicht hören wollte: es würde dann schon eine Folge spüren. Doch hier meint es etwas anderes....
In diesem Satz liegt verborgen die Erfolgsgeschichte eines Weges für Ehepaare, der im Jahr 1962 in Spanien begann, dann in den USA weiter entwickelt wurde und 1979 nach Deutschland kam: und der sich damals recht schnell in alle Kontinente verbreitet hat. Es ist ein Weg, um in Ehe und Beziehung die Kommunikation zu verbessern, mit dem Resultat, dass Ehepaare eine neue, vertiefte Nähe zueinander finden. Bei diesem Weg spielen das Zuhören und das Fühlen (die Gefühle) eine wichtige Rolle: Zuhören ist wichtig. Und wer zuhören will, muss fühlen!
Und was das bedeutet, versuchen wir, in diesem Buch auf vielen Seiten anklingen zu lassen, insbesondere den Seiten 27 ff. Wer hören will, muss fühlen. Wer fühlen kann, kann gut (zu)hören. Wer gut (zu)hören kann, wird fühlen.

Dieser Weg für Eheleute, der getragen und weitergegeben wird von Marriage Encounter (ME), einer geistlichen Initiative in der Kirche, hat seitdem Hunderttausenden von Ehepaaren Glück gebracht, hat geholfen, ihrer Ehe neuen Schwung zu geben. Ehepaare, die am Ehepaarkurs dieser Bewegung teilgenommen haben, erfuhren, wie dieser Kurs kräftig am Schwungrad ihrer Beziehung drehte. Sie lernten hören und fühlen.

Wir möchten diesen Weg hier vorstellen, den wir selber seit 25 Jahren gehen, weil er uns so gut tut – und möchten anderen Paaren damit die Chance eröffnen, diesen Weg auch für sich kennen zu lernen. Wir haben viel gelernt dadurch, sind aber nie damit fertig.... Wir erfahren immer noch Neues dazu, auch über uns.

In dieses Buch sind die Erfahrungen eingeflossen, die wir als Ehepaar entweder selber mit dem Programm von ME gemacht hat oder die Erfahrungen und Entwicklungen, die wir bei anderen Paaren beobachten

durften. Wir sprechen hier von dem, was uns leben lässt und Freude gibt in der Beziehung.
Dieses Buch versucht, so gut es geht, diese Erfahrungen aus dem Wochenende darzustellen (das sich **Zeit für die Liebe**) nennt; wir wissen aber, dass dies nur völlig unvollkommen geschehen kann. Man muss es erleben, um seine ganzen Wirkungen zu verspüren. Dieses Wochenende ist ein Wochenende an Zeit wert.
Dieses Buch sei allen Glückssuchern = Eheleuten herzlich gewidmet.

Waltraud Koch-Heuskel & Wilfried Koch

Das Programm und die Botschaft von Marriage Encounter, kurz ME genannt, richten sich nach dem katholischen Eheverständnis. Paare anderer Konfession sind beim Wochenend-Kurs ebenfalls herzlich willkommen. Auch ein Mann und eine Frau, die nicht miteinander verheiratet sind, jedoch miteinander in einer dauerhaften, verbindlichen Beziehung, können teilnehmen. Eine Glaubensausrichtung wird nicht vorausgesetzt. Eine Teilnahme an diesem Beziehungskurs ist also auch dann sinnvoll, wenn ein Paar „nur“ interessiert ist an einer Intensivierung der Kommunikation in der Beziehung. Die Inhalte des Kurses über Beziehungsgestaltung können auch von neutraler Position aus wertvoll sein. Der Kurs heißt im folgenden stets kurz: (das) Wochenende.

zum titelbild

Ein Herz, in dem sich zwei Gesichter anschauen, links der Mann, rechts die Frau, der Mund zum Gespräch geöffnet, zwei große Ohrmuscheln und zwei große wache Augen: die Ehe als ein Gespräch. Ganz Auge, Ohr und Mund sein, mit dem Herzen zuhören, aus dem Herzen sprechen und im Herzen fühlen. Hören und fühlen! Man spricht, hört, sieht nur mit dem Herzen gut. Zwei ineinander verbundene Eheringe. deuten es an: das, was die zwei sich sagen, verbindet und verbündet stets mehr. Das Kreuz in der Mitte der Ringe sagt: Wo zwei Eheleute gut miteinander im Gespräch sind, da liegt Segen über ihnen. Sie werden eins durch den ehelichen Dialog. Das Wort wird Fleisch in ihrem Gespräch. Die Ehe ist ein langes Gespräch. Ihr Wesen ist Dialog! Und siehe da: beide lächeln! Sie wissen, warum.

auftakt: wer hören will muss fühlen

ich hab so manchesmal
geredet geredet geredet
um nicht zu hören
ich habe so oft meinem
***verstand* den vorrang**
gegeben vor dem gefühl
ich glaubte, ver*stand*en
zu haben, doch ich
***stand* mir im wege**
du wolltest gefühl
doch mein verstand
***verstellte* alles**
ich habe dich nicht
gefühlt
ich habe mich nicht
gefühlt
und kein gespür gehabt
für dich oder mich
dann bin ich meinen
gefühl begegnet
und habe im Herzen
Ohren entdeckt
seitdem wohnst du
in meinen gefühlen
und ich in deinen –
seitdem kann ich
sagen:
bin ich zuhause
ich in dir
und du in mir

glückssucher-wochenenden Es war im Jahr 1979, als eine Anzahl neugieriger Ehepaare in Deutschland in einem Ort mit dem außergewöhnlichen Ortsnamen Linsengericht zusammen kamen. Man wird erinnert an das Linsengericht, für das Esau sein Erstgeburtsrecht an Jakob verkauft hatte. Was wollten die Ehepaare hier verkaufen? Vielleicht eine bisherige Form ihrer ehelichen Beziehung, denn sie waren zu einem relativ neuen Wochenendkurs zusammengekommen, einem Kurs für sie, für ihre Ehe, ihre Beziehung.

Lustigerweise erreichte man diesen Ort über die Autobahn-Abfahrt namens Lieblos. Was die Ehepaare allerdings erlebten, war alles andere als lieblos... Im Gegenteil: **es war zeit für die liebe.**

Auch heute kommen noch Ehepaare zu einem solchen Wochenendkurs zusammen, an anderen Orten: weil sie Glückssucher sind, weil sie die Liebe suchen. Überall, auf allen Kontinenten der Erde, in über 100 Ländern gibt es das: diesen Ehepaarkurs von Marriage Encounter (ME) für Glückssucher, seit rund 50 Jahren ein erfolgreiches Konzept für Paare, die Freude haben an ihrer Beziehung. Und die „Orte“ heißen: Zuhören-mit-dem-Herzen, Vertrauen-wagen, Gefühle-sind-wichtig, Ich-bin-einmalig-und-du-auch, Ich-bin-liebenswert-wie-du-auch, vertiefter-Dialog, Plan-Gottes-und-seine-Sehnsucht-für-die-Eheleute, Kirche-im-Kleinen, begabt-sein-zum-Heilen, Sakrament-sein und Glück, als umfassendes Heil.

Es war im Jahr 1994, als wir selber in gespannter Erwartung zu diesem Wochenende fuhren, es mit zunehmender innerer Zustimmung und Begeisterung mitmachten und es wie einen Jungbrunnen für unsere Ehe erlebten.

ich will dich lieben achten und ehren Diese Zusage aus dem Trauversprechen ist den Ehepaaren, die zum Wochenende kommen, ganz wichtig. Sie wissen, dass der Alltag einer Ehe und die Routine alles im Griff haben können: der Beruf greift wie selbstverständlich nach der Zeit und den Kräften; man gibt im Beruf das Beste – da bleiben für die Beziehung oft nur noch Reste. Oder die Kinder ziehen alle Aufmerksamkeit auf sich... und anderes mehr. Manches Ehepaar weiß schon gar nicht mehr, was Paarsein bedeutet. Manche fragen sich: „Wenn die Kinder aus dem Haus sind, haben wir uns dann noch etwas zu sagen? Wie gestalten wir dann unser Leben – wieder zu zweit? Unser Augenmerk war bisher fast ausschließlich auf die Kinder gerichtet!“ Diese Ehepaare wissen, dass im Alltag das Lieben, Achten und Ehren abhanden kommen kann oder sich in den Falten der Zeit verbirgt.

Manchmal gibt jemand auch seine ganze Zeit in eine andere Beziehung hin: in seine sportlichen Aktivitäten, seine Hobbys. Dort erlebt er (oder auch sie) Bestätigung und erfährt Wertschätzung (das, was er vielleicht zuhause vermisst). So bleibt für echte Beziehungszeit nur noch wenig Raum. Man lebt wie zwei verheiratete Junggesellen mit- oder nebeneinander. Ehepaare fangen an, zu funktionieren, man liebt sich (selbstverständlich! selbstverständlich?) noch, doch die Feinheiten der Liebe, des Achtens und Ehrens, schleifen sich ab. Das ist der Zahn der Zeit, der an allem nagt. Und das ist menschlich so. Aber muss das so bleiben?

Diese Ehepaare, die zu einem Ehepaar-Wochenende versammelt sind, wollen es so nicht stehen lassen. Sie müssen keine Krise haben, aber sie haben Sehnsucht danach, dass ihre Liebe auffrischt, dass eine frische Brise aufkommt und ihr Alltag wieder bewusster wird.

ↀ Waltraud: Wir können von uns erzählen, dass wir damals, als wir ME kennen lernten, in der Routine einer 20jährigen Ehe angekommen waren. Wir waren nicht schlecht drauf, hatten auch keine Krise aber wir sprachen nur noch oberflächlich miteinander. Ich hatte Sehnsucht nach tiefergehenden Gesprächen, nach mehr Nähe zu meinem Mann. Es gab so viel Unausgesprochenes, das da stand, auch Gutes wurde kaum gesagt, zum Beispiel Lob und Anerkennung. Wir drifteten unbewusst in eine Schweigespirale hinein. Wir lebten nebeneinander wie verheiratete Junggesellen. Und dann haben wir bei ME das Einführungswochenende mitgemacht. Diesen Impuls brauchten wir, ohne ihn wären wir nicht aufgewacht.

Wilfried: Am Anfang des Wochenendes stand **das Willkommen.** Ich erlebte ein sehr herzliches Willkommen, als wir eintrafen. „Es ist gut, dass ihr da seid". So verspürte ich es. Und das öffnete mich! ꝏ

Doch auch als Paar können wir **einander willkommen heißen.**

Täglich können wir das tun. Warum? Weiß denn der Andere nicht, dass er willkommen ist bei mir? Doch, er/ sie weiß es. Doch der Andere soll es auch spüren, es fühlen. Darum tut es gut, es auch immer wieder zu sagen:

du bist willkommen bei mir!

Täglich. Manche Paare beginnen ihren Tag mit einem **willkommensritus:** Da kann man hören und fühlen, wie der Andere drauf ist.

Guten Morgen, lieber Schatz (liebe/r NN.),
wie hast du geschlafen? –
wie geht es dir jetzt? –
was geht dir von gestern noch nach?

dann hört und spürt der Andere: **es ist gut, dass du da bist!**
(das kann man natürlich auch angepasst am Abend tun)

willkommen!

auch Ihnen, liebe Leserin, lieber Leser in diesem Buch!

der alltagsozean in grau Sie haben einen Traum von einer erneuerten und vertieften Liebe, die Paare beim Wochenende. Sie wissen (wie im Lied „Meine Freundin, meine Frau“ von Reinhard Mey) vom Traum der Romanze an schönen Tagen, der glücklich macht, sie wissen aber auch von ganz anderen Tagen. Reinhard Mey singt seiner Frau in klarer Selbsterkenntnis:

Es mag manchmal an meiner Seite, nicht leicht für dich gewesen sein.
Und einsam oft – und ich bestreite, die Schuld mit keinem Wort. Allein
– bei allem Fehlen und Versäumen, in allem Zwist und jedem Streit:
bist du die Frau in meinen Träumen und meine Heldin in der Wirklichkeit.

wie oft bin ich an sommertagen mit dir durch paris gefahren,
i m t r a u m in einem offnen wagen
den warmen wind in deinen haaren.
wie oft i n w i r k l i c h k e i t durchquerten wir
den alltagsozean in grau

Dieser alles verschlingende Alltagsozean, der die Gefühle betäubt und wo man nur noch das Geräusch der Brandung hört, aber nicht mehr die feinen Töne, wo manchmal die Wellen hochgehen und urplötzlich Sturm ist in der Beziehung. Diese zum Wochenende versammelten Ehepaare sagen sich: So muss es nicht bleiben.

manchmal brauchen wir einen, der kommt,
und die bewegten wasser im zusammenleben beruhigt
der den alltagsozean zum stillen wasser macht, das tief gründet –
der uns zum ruheplatz am wasser führt
manchmal brauchen wir einfach nur zeit füreinander.....

sie nehmen sich zeit für die liebe und sammeln sich bei diesem Wochenende wie am stillen Wasser eines Waldsees, in dessen ruhiger Oberfläche sie sich als Einzelne und als Paar widerspiegeln, neu entdecken und sogar in die Tiefe schauen können.

ꝏ Wilfried: Es war eine umwälzende Erfahrung für mich. Ich bin dabei richtig aufgetaut und habe die anfängliche Liebe zu meiner Frau wiederentdeckt. Ja ich muss sagen, wir waren frisch verliebt ineinander, sodass unsere Töchter etwas überrascht bei unserer Heimkehr sagten: Ihr seid ja frisch verliebt! Die 48 Stunden des Wochenendes haben in unsere Ehe wieder mehr Herz, mehr Sprache gebracht, mehr Liebe. ꝏ

braucht man als paar so etwas? Nein, brauchen im Sinne von Defizit tut man einen solchen Wochenend-Kurs nicht.

Voraussetzung für ihn sind keine Krise, keine Probleme, die man erlebt – sondern es ist eher Freude am Leben in Beziehung und Neugierde darauf, wie man die Liebe vom Anfang wieder dazu bringen kann, aufzutauchen. Um an einem solchen Wochenende teilzunehmen, da muss man sich nicht sagen „Wir haben wohl einen Schaden in der Beziehung, darum gehen wir dort hin....“ sondern eher ist es die Erkenntnis: „Weil wir gern verheiratet sind, nehmen wir teil, um unserer Beziehung einen neuen Schwung zu geben“.

Nicht Krise – sondern **Lust auf frische Brise.**

Ehepaare, die diesen Kurs besuchen, gleichen eher den Schatzsuchern. Sie wollen neu die verborgenen oder vergessenen Schätze ihrer Ehe suchen. Und: sie wollen den Schatz an ihrer Seite (ihren Mann/ihre Frau) neu entdecken, wollen das durch die Routine Verschüttete wiederfinden.

sie wollen glückssucher sein Nicht das kleine Glück suchen sie, sondern das Große. Sie wollen sich nicht begnügen mit dem Glück der kleinen Brotkrumen am Wegesrand. Sie wollen nicht aus den Pfützen am Weg trinken, sondern wieder aus der Quelle. Sie suchen ein anderes Glück, ein anspruchsvolles; ein Glück, dass einem nicht in den Schoß fällt und nicht von der leichten Sorte ist wie ein Losgewinn. Es ist ein Glück, das auftaucht und sich festmacht, wenn man daran arbeitet! Das Glück nennt sich auch: Liebe!

Wer an seiner Liebe arbeitet, findet dieses Glück. Liebe ist nie nur das schöne Gefühl. Lieben ist der Gewinn aus dem Engagement an der Beziehung. Lieben ist immer auch ein gutes Stück **Arbeit an der Liebe**.

ꝏ Das Wochenende war denn auch ein sehr arbeitsreiches. So intensiv wie dabei haben wir noch nie unsere Beziehung „bearbeitet". Das Programm führte uns von Arbeitsschritt zu Arbeitsschritt. Mit jedem dieser Schritte kamen wir einander näher, diese Nähe war der Beziehungsarbeit schönster Lohn. Die Idee, dieses Wochenende wäre ein solches mit viel Freizeit, wo wir Spazierengehen könnten, zerplatzte wie eine Seifenblase. In Wirklichkeit hatten wir viel freie, ungestörte Zeit für uns. Auch heute im Alltag arbeiten wir gern weiter an unserer Beziehung, mit dem, was wir beim Wochenende gelernt haben. *ꝏ*

Zum Beispiel erfuhren wir, wie sehr die Selbstbegegnung und Selbsterkenntnis eine wichtige Voraussetzung für die Begegnung mit dem Anderen und für das Ehegespräch sind. Und: wie sehr die eigene Annahme, auch von Schatten-und Schwachseiten, uns das Gepäck auf dem Weg zueinander erleichtern kann. Siehe die folgenden Seiten >>

mich annehmen lernen,
wie ich bin
und zugleich auf dem weg
bleiben zu dem,
der ich sein könnte

selbsterkenntnis ist der erste weg zum du Das eheliche Gespräch, die vertiefte Begegnung, führt nicht nur zum tieferen Verstehen des Anderen, sondern auch zum tieferen Verstehen meiner selbst: wenn ich mir meiner Gefühle und Gedanken bewußter werde, wenn der Andere im Gespräch zu einem wirklichen Spiegel für mich wird, dann kann ich mich immer besser annehmen und lieben, so, wie ich bin. Dann kann ich mich umso besser auf den Weg machen, mich zu verwandeln und verwandeln zu lassen. Der Blick auf mich selbst ist heilsam und schenkt Klarheit, neue Energie für die Beziehung:

der anfang aller
guten beziehung
ist der vertiefte
und ehrliche
blick auf sich
selbst.
kannst du dich
selbst annehmen?
magst du dich
mit deinen unge-
liebten anteilen?
traust du dich,
diese dem anderen
zu zeigen?

du bleibst ein-
sam, wenn du
immer nur dei-
ne schokoladen -
seiten zeigst.
je mehr du deine
versteckten an-
teile liebst, um-
so mehr kannst
du auch die an-
deren seiten an
deinem partner
lieben und ehren.
du bleibst ein-

sam, wenn du
nicht auch das
mit dem ande-
ren teilst. du
darfst dich trau-
en, dich dem an-
deren anzuver-
trauen.
der anfang aller
guten beziehung
ist dieser schritt
von der angst
zum vertrauen.
aus selbstbegeg-
nung wird du-
begegnung.

„selbsterkenntnis“
so sagt ein wort „
sei der erste weg
zur besserung“ –
zum besseren er-
kennen auch des
anderen

gott macht keinen „mist“ Er hat jede/n von uns gut, liebenswert und einmalig erschaffen, wenn auch keiner von uns perfekt ist. Jeder von uns ist eine einmalige Mischung aus guten Eigenschaften und Schwächen. Sich bewußt zu machen, dass jeder von uns einen Wert und ein Würde hat, auch wenn wir in unserem Selbstbild weniger gut von uns denken – das ist der erste Schritt auf dem Weg einer Erneuerung unserer Beziehung und Ehe. Gott macht nichts Schlechtes (wir jedoch können aus dem Guten das Schlechte machen!). Gott macht keinen Mist –

aber wir.

Wir Eheleute machen im Eifer des Gefechtes und im Alltagsozean der Routine einfach manchmal auch „Mist“, bis hin zu **Schei-**

Dung. Wir leben oft *äußerlich* zwar zusammen, auf gleichem Raum, doch *innerlich* in vielen Bereichen wie „geschieden“: d.h. so manches ist an uns noch nicht verheiratet, und wir sind uns nicht nahe. Und da geschehen manchmal Ungereimtheiten....

Auf unserem „Mist“ jedoch kann Gott schöne Früchte wachsen lassen.

Der schönste Dung dafür ist die **Entschei-**

Dung zum Lieben:

die, wie das Wort Ent-Scheidung sagt, das Aufhören der „Scheidung“ bedeutet, in der wir manchmal (obwohl äußerlich zusammen) innerlich jeder für sich leben

Da hilft nur, dieser Art von „Scheidung“ ein entschiedenes „Ent-“ entgegen- und voran setzen.

Dieser Dung für die Ehe ist das vertiefte Gespräch. Auf dem Dünger der Worte, der Gefühle und des Zuhörens, des vertieften Austausches wächst die kleine Pflanze heran und wird groß, die sich **das Glück nennt.** Und wonach Glückssucher-Ehepaare auf der Suche sind. > Seite 63

lieben ist entscheidung... das bedeutet: auch in schweren Momenten der Beziehung mich für den Anderen entscheiden. Mich entscheiden, ihm nahe zu bleiben, auch wenn ich im Gefühl total sauer bin auf ihn, ärgerlich, vielleicht sogar wütend bin. Dann trotzdem zu ihm/ihr stehen, nicht weglaufen, nicht die Tür zuschlagen. Trotzdem Körperkontakt halten. Dem Anderen damit sagen: Ich entscheide mich trotzdem für dich, auch wenn du mich gerade verletzt hast.
...das bedeutet: den Anderen mit seinen tiefen Bedürfnissen im Blick haben und ihm/ihr geben, was er/sie jetzt gerade von mir braucht. Ich entscheide mich, ihm Zeit zu schenken, auch wenn ich gerade meine, keine zu haben.

Ich entscheide mich, ihm „mein letztes Hemd" zu geben und verzichte selber darauf.

Ich entscheide mich, auf meinen Wunsch zu verzichten (ihn zurück zu stellen), damit der Andere zum Zuge kommt.

Ich entscheide mich (im positiven Sinne) „Gnade vor Recht" gehen zu lassen. Nicht das Recht HABEN ist hier an der Reihe, sondern das rechte GEBEN, das, was der Andere in diesem Moment braucht. „Gnade vor Recht" hört sich sehr gönnerhaft an: gemeint ist aber, dass ich nicht auf irgendwelche Rechte poche, auf die ich pochen könnte, sondern den Anderen beschenke (das ist der tiefere Sinn des Wortes „Gnade").

ꝏ Wilfried:„Lieben ist eine Entscheidung. Dieser Satz hat mich sehr gepackt beim Wochenende: damit habe ich etwas in der Hand, wenn meine meine Gefühle Achterbahn fahren, wenn ich sauer bin oder verärgert über meine Frau. Dann muss ich nicht nach diesen Gefühlen handeln, sondern ich kann mich zum Lieben entscheiden. ꝏ

geben ist (auch in der ehe) seliger denn nehmen Lieben heißt n i c h t fragen: *Was steht mir jetzt vom Anderen zu, damit es m i r gut geht* – sondern bedeutet, sich zu fragen: *Was braucht der Andere von mir, damit es i h m gut geht?* Google hat mal untersucht, wie viele Begriffe es inzwischen gibt für

„Liebe, love, to love“: es waren mehr als 1 Million 200 Tausend. Und doch braucht es nur einen einzigen Satz aus drei Wörtern, um zu zeigen, was wir unter Liebe verstehen: Lieben ist Entscheidung. Unsere Devise füreinander also lautet:

ti voglio bene:

ich will, was gut ist für dich! Damit behaupten wir nicht, zu wissen, was für den Anderen gut ist. Wir wollen es aber erkunden. Wir wollen uns bemühen, es zu erkennen und dann danach zu handeln. Wir wollen keine Krämerseelen sein, die fragen: Was habe ich schon vom Anderen bekommen? – um dann erst zu geben.

liebe –
nicht nur ein wort.
liebe –
wie ein großer
geldschein:
doch meistens
brauchen wir
  einfach nur kleingeld
  im alltag
das kleingeld der liebe
macht den alltag
zum ereignis.

der unterschied: vertrag oder bund Es gibt unter den Eheleuten manchmal eine Art Vertragsdenken. Da wird die Ehe wie ein Vertrag gesehen: du bringst 50 % ein und ich die anderen 50 % (an Energie, an Arbeit, an Treue, an Zuwendung usw.). Bei diesem vertraglichen Denken gerät man leicht ins Verrechnen und Aufrechnen („Du hast aber letzte Woche nicht......“ „Wieder hast du nicht.......“ „Ich bringe das Erwartete ein, und du.......?“)

Da gerät die Ehe zum Verwaltungsakt und es geht mehr um´s Vertragen, denn um die Liebe.

Wer die Ehe jedoch als Bund anschaut, der weiß, dass hier andere Maßstäbe gelten: die der Liebe.

Da bringt jeder sich zu 100% ein. Und wenn der Eine mal weniger einbringen kann (seine „Tage“ hat, also nicht ganz da ist), dann bleibt der Andere bei seinem Anteil. Sich gegenseitig übertreffen in der Liebe, ist Ehe à la Bund, anstatt zu verrechnen à la Vertrag

vertrag heißt vertragen – also irgendwie zurecht kommen (zu seinem recht?). bund heißt verbundenheit leben, bindung, sich verbünden, vereinigung (eins werden, ohne sich zu verschmelzen)

Der Weg vom Vertrag zum Bund ist immer Arbeit. Beziehung braucht immer die Gestaltung; von selbst geschieht das Notwendige nicht. **ehe ist ein fulltime-„job“!**

Das Wochenende, an dem so viele Tausende Ehepaare bereits teilgenommen haben, hilft ihnen dabei.

ehe ist ein fulltime-„job“!
und ein ziemliches „Arbeitsverhältnis“
beziehung kostet arbeit. der lohn ist sofort da!

wochenende mit neuentscheidungen An diesem Wochenende, am Freitagabend und am Samstag, endet eine alte Weise ihres Lebens in Beziehung, hebt sich immer deutlicher eine Alternative hervor und zeigt überzeugend ihren Sinn.

Irgendwie stirbt etwas ab, was alt und unbrauchbar war – und man trauert ihm nicht mehr nach: die alte Weise, Beziehung zu leben: irgendwie unaufmerksam, routiniert, mit vielem anderem beschäftigt, manchmal lieblos ohne großen Vorsatz...... Das geht zu Ende, wird zu Grabe getragen.

Dann kommt in diesem Eheleutekurs der Sonntag, der Tag des Wochenanfangs. Der dritte Tag, der der erste Tag einer neuen Woche und einer neuen ehelichen Zeitrechnung ist! „Am ersten Tag der Woche, als eben die Sonne aufging....“ heißt es in den Osterberichten der Evangelien: der Tag der Auferstehung. Das Alte ist vergangen – **siehe:**

er macht alles neu!

Da geht die Sonne wieder auf und aus dem Kokon der Gewohnheiten schält sich eine neue Ehe-Gestalt heraus, und es ist, als würde die Ehe Flügel bekommen (Schmetterlinge im Bauch können sich melden). Und aus manchem „Schweigen wie ein Grab“ wird da und dort lebendiges Gespräch hier und jetzt – ein langes Gespräch mit tiefer Verwandlung. Es ist wie eine Auferstehung – am dritten Tag des Kurses.

Der Sonntag im Wochen-E n d e, das eigentlich ein B e g i n n ist: immer wieder neu ein Wunder der Verwandlung. Der Plan Gottes für die Ehe greift um sich und wird Wirklichkeit. **siehe da:**

er macht alles neu!

Diese Erfahrung haben Hunderttausende von Eheleuten weltweit schon bei diesem Ehepaar-Kurs gemacht und sind glücklich und mit dem Wochenende im Herzen in ihren Alltag zurück gekehrt, wild entschlossen, dem Alltagsozean in Grau nicht mehr bedingungslos die beziehungsfressende Macht über sich selbst geben. **und siehe da:**

es wurde vieles neu!

ꝏ

Wilfried: Mir als Mann, der nicht gern von seinem Innenleben sprach, noch weniger von Gefühlen, hat die Kommunikationsform beim Wochenende geholfen, mich selbst zu öffnen, und mich meiner Frau mitzuteilen, um damit ihrer Sehnsucht entgegen zu kommen. Und da wir diese Kommunikationsform mit nach Hause genommen haben und regelmäßig praktizieren, führen wir das Wochenende sozusagen immer weiter fort und die Vertiefung der Beziehung hört nie auf.

Waltraud: Ich kann noch ergänzen, dass wir bei diesem Wochenende angeleitet wurden, alle Bereiche der Beziehung anzuschauen und ermutigt wurden, dort aus der Sprachlosigkeit auszusteigen und Tabus zu brechen, nämlich die unausgesprochene Festlegung, über dies und das spricht man vorsichtshalber nicht. Es ging also um Neuentscheidung.

ꝏ

mit geist und herz ehepaar sein.
die beziehung in den
mittelpunkt stellen –
neue nähe erfahren.
einander mit dem herzen
zuhören und aneinander
neues entdecken.
die kraft erleben, die da ist,
wenn wir einander uns
ganz anvertrauen.
die kraft erfahren, die da ist,
wenn wir miteinander glauben.
den schatz unsere ehe
neu entdecken – und entfalten

was haben die paare beim glückssucher-wochenende entdeckt das in wahrheit ein a n f a n g ist,? * Diese Paare haben erfahren, dass die Qualität der Beziehung, nach der sie verlangen und die sie erleben wollen, sehr stark abhängt von der Art und der Qualität ihrer Kommunikation miteinander.

Wenn man gut darüber nachdenkt, weiß man schnell, dass Schwierigkeiten entstehen müssen, wenn es keine Kommunikation gibt – oder eine solche, die unzureichend ist für das Glück, das man sucht.

In erster Linie geht es um die Wichtigkeit zu kommunizieren und in zweiter Linie geht es um die Form, w i e wir miteinander kommunizieren Das Wochenende ist da von enormer Hilfe, weil bei den meisten Paaren nie klar und deutlich genug über die Bedeutung der Kommunikation gesprochen worden ist – was das bedeutet und wie es am besten geschieht.*

wozu dieses wochenende:

jedes ehepaar spricht doch miteinander! Ja, aber worüber? Über alles, was ansteht; über Pläne, Urlaube, Anschaffungen, Unternehmungen, Kinder, Eltern, über „Gott und die Welt" (wie man sagt) – und spricht doch nicht über den Gott und die Welt der eigenen Beziehung. Alltagsverwaltungsgespräche sind das, die sein müssen – die aber die Leitungen zueinander mit der Zeit verstopfen können, so wie die Gefäße im Körper durch Arteriosklerose. Ja, wir kommunizieren viel miteinander!

* Auch jemand, der schweigt, kann sehr viel kommunizieren. Jemand der ein langes Gesicht zieht, ohne ein Wort zu sagen, kann viel kommunizieren .... und so weiter.* Doch bahnt das nicht den Weg zum Schatz. **wir reden viel miteinander –**
sagen manche.
aber vielleicht nicht über das entscheidende?!

* Wenn sie ernsthaft miteinander kommunizieren wollen, dann können sie sich nicht erlauben, nur darüber zu sprechen, was sie denken, was sie tun oder getan haben oder tun werden. Dann müssen sie beginnen, über das zu sprechen, **was in ihrem innern geschieht**. *

Die Erfahrung der Glückssucher-Ehepaare ist die, dass sobald man von sich selbst spricht, von den eigenen Empfindungen und Erfahrungen, von den eigenen Gefühlen –
dann beginnt auf der Schatzsucherkarte der verborgene Schatz an zu leuchten, auf dem Beziehungsnavi winkt die Zielfahne: das Glück beginnt zu sprechen. Sprechen können, wahrhaft vertieft miteinander sprechen – ist das Glück, nach dem Viele suchen. Vielleicht ahnen sie es nicht, was sie da suchen!?

sprich wirklich – und ich weiß, wer du bist

sprechenden menschen kann geholfen werden! D.h. doch eigentlich: sie helfen sich selber durch das Sprechen miteinander. Es ist ganz oft und vor allem das Verlangen der Frau, mit ihrem Mann wesentlich zu reden, von ihm zu erfahren, was er denkt und fühlt, um ihm nahezukommen.

Viele Männer erfahren diesen Wunsch ihrer Frau nach Gesprächen als bedrohlich. Sie haben es nicht gelernt, viel über sich zu reden oder von sich preiszugeben. Mit Gefühlen tun sie sich schwer – denn ein Indianer kennt kein Gefühl (keinen Schmerz), ein echtes Mannsbild meidet die Gefühlsduselei. Und vor allem, viele Männer haben Ängste vor der Redegewandtheit ihrer Frau, fühlen sich da unterlegen und ziehen sich zurück ins Schneckenhaus.

Ꝏ Wilfried: Im Alltag hatte ich oft den Eindruck, dass meine Frau mich mit ihrer Redegewandtheit überfällt. Sie ist eine Meisterin des Wortes – und in vielen Gesprächen habe ich mich ihr unterlegen erlebt. Da konnte ich mich nur zurückziehen, um mich zu schützen. Wie oft habe ich den Eindruck gehabt, dass meine Frau mich kontrollieren oder umerziehen will nach dem Bild, das sie sich von mir gemacht hat. Schweigen war meine einzige Chance. Durch Schweigen kann man(n) nämlich auch herrschen und bestimmen. So habe ich meine Frau oftmals mit ihrem Mitteilungsbedürfnis auflaufen lassen. ꝏ

ein anderer mann erzählt:

wie erging es mir beim ehepaar-wochenende? Ich habe nur widerwillig diesen Kurs besucht, meiner Frau zu Liebe, der ich das zum Geburtstag als „Geschenk" versprochen hatte.

Ich hatte die Befürchtung, dass ich dort einem Geschehen ausgeliefert wäre, das ich nicht mehr beherrschen kann. Ich wollte nicht mit anderen oder vor anderen über mich und unsere Beziehung reden.

und dann war dieser kurs für mich

eine große überraschung Er hat eine Dynamik zwischen uns frei gesetzt, die mich staunen ließ.... Wir sind uns intensiv begegnet, wie lange nicht.... Ich habe über mich selbst gestaunt..... Und alles blieb in der Privatsphäre, es gab kein Ausbreiten unserer Ehe vor den anderen.....Meine Frau hat mir gut zugehört und ich erlebte mich verstanden.

ich kann das kaum mit worten beschreiben,

man(n) muss es erleben! Das Wochenende erfüllte keine meiner Befürchtungen, aber es schenkte mir (uns) einen ungeahnten neuen Schwung in der Beziehung. Ich kann es nur **jedermann empfehlen.** Mit diesem Wochenende habe ich meiner Frau ein Geschenk gemacht, das mich selbst noch am meisten bereichert hat.

ꝏ Auch wir beide können, ähnlich wie dieser Mann von guten Erfahrungen berichten

Waltraud: Noch nie hat mein Mann so viel von sich gesprochen, wie an diesem Wochenende. Meine Sehnsucht nach vertieften Gesprächen hat sich erfüllt, wir sind uns nahe gewesen, wie am Anfang, in der romantischen Zeit, als wir viel und intensiv miteinander gesprochen haben. Wir lernten dort eine Kommunikationsweise kennen, die ziemlich schnell in die Tiefe führte. Ich war begeistert. So viele liebe Worte wie an diesem Wochenende hatte ich von meinem Mann noch nie in einer so kurzen Zeitspanne gehört und ich habe so viel von ihm erfahren, wie nie zuvor. Und umgekehrt.

Wilfried: Zum Beispiel haben wir auch viel Gemeinsames entdeckt, von dem wir bis dato nichts wussten, weil es im alltäglichen Gespräch nicht vorkam. Das war sehr beglückend für uns und hat uns zufrieden gegemacht, so viel Gemeinsames zu entdecken. Das hat uns bestärkt. Ich denke, dass viele Paare nicht darum wissen,welcher gemeinsame Schatz unter der allgemeinen Sprachlosigkeit noch ruht.

wir haben einander neu kennen gelernt und viele bisher vergessene seiten aneinander wieder entdeckt. ∞

solange du dir nicht selbst
in den augen und im herzen
deines partners begegnest,
bist du auf der flucht.
solange du nicht zulässt,
dass dein partner an deinem
innersten teil hat,
gibt es für dich keine
geborgenheit.
solange du dich fürchtest,
durchschaut zu werden,
kannst du weder dich selbst
noch den anderen erkennen.
du wirst allein sein.
wo kannst du solch einen
spiegel finden,
wenn nicht in deinem mann,
deiner frau?
richard beauvais

nähewunsch: unterschiedlich Es gibt halt den Unterschied zwischen Mann und Frau, wenn es um Nähe geht.

Frauen erfahren und genießen Nähe insbesondere im vertrauten Gespräch mit ihrem Mann, wenn er von sich erzählt, ihr sich öffnet (und auch manche verborgen-verschlossene Türe öffnet); sie „brauchen" das Miteinanderschlafen nicht unbedingt, nicht so häufig......

Männer erfahren und genießen Nähe insbesondere in einer leiblichen Umarmung. Miteinander reden, der Frau von sich zu erzählen (von sich! und nicht vom Allgemeinen und Generellen) ist für Männer nicht immer ihr Nonplusultra.

Zwei Nähe-Wünsche – auf den ersten Blick nicht kompatibel.

Es gibt eine nette, wenn auch vielleicht **„schwarz-weiß"- Geschichte**, die nicht immer und in jedem Fall stimmen muss. Also:

...ein Mann weckt seine Frau nachts, um mit ihr endlich über ein lang anstehendes Thema zu reden. Da kann es sein, dass seine Frau sofort hellwach und dazu bereit ist. Weckt er sie aber, weil ihn die Lust überkam, mit ihr zu schlafen, wird sie wohl in den meisten Fällen sagen: Ach, Schatz, hat das nicht Zeit bis morgen, ich bin doch so müde.

...weckt eine Frau ihren Mann und möchte mit ihm schlafen, wird er wahrscheinlich hellwach und dazu bereit sein. Weckt sie ihn aber, um mit ihm über ein ausstehendes Thema zu reden, wird er wahrscheinlich so reagieren wie seine Frau, bei dem Ansinnen auf eine Vereinigung.

alles doch nur vorurteile und klischees!

oder sollte doch was wahres dran sein? Logisch erscheint jedenfalls folgender Zusammenhang zwischen mündlicher und leiblicher Kommunikation:

...je mehr ein Ehemann den Mund verschließt, weil er nicht sprechen will, umso eher ist auch der „Muttermund" der Frau verschlossen, jener Ort, wo sie mit dem Mann in die intimste leibliche Kommunikation tritt

...je mehr ein Ehemann seinen Mund zum Gespräch öffnet, umso offener kann der „Muttermund" seiner Frau sein, ihn zu empfangen.

mund und muttermund spielen zusammen*)

Die leibliche und die mündliche Kommunikation sind miteinander intensiv verbunden.

**sexualität ist oft ein barometer für die gesamte beziehung
und für die kommunikation in der beziehung**

ꝏ Das ist unsere Erfahrung; je mehr wir miteinander sprechen, umso gelungener kann auch die leibliche Begegnung sein. Und wenn die leiblichen Begegnungen gelingen, kann das mündliche Gespräch davon profitieren. Bei ME zählen die Kommunikation und die Sexualität zusammen mit Gebet und Glauben zu den drei Königswegen. Alle drei Aspekte bedingen einander, im positiven Sinn, wie auch, wenn´s in einem Bereich schwierig wird. Dazu werden wir später noch etwas sagen. Doch die Kommunikation über den Bereich der Sexualität ist eine heilsame Investition! Die Sexualität ist der Begegnungsbereich der Ehe, in der wir einander das höchste Glück aber auch die stärkste Verletzung zufügen können. ꝏ

unser leib kommuniziert
unser leib spricht, spricht immer, spricht in seiner sprache
unser leib macht uns berührbar, lässt uns berühren,
wir hören und fühlen, wir spüren, sind mit ihm auf der spur
unser leib lässt unser wort fleisch werden, handgreiflich werden

liebe, dieses alte wort, so vielfach gebraucht und verbraucht
braucht hände und füße, mund und augen und
ohren und gesicht
unser leib ist das einfallstor der liebe – und der gnade

---

*) Diesen Gedanken haben wir irgendwo einmal in einem Vortrag gehört

wer hören will, muss fühlen Gutes Zuhören geschieht, wenn wir gut im Kontakt sind mit unseren Gefühlen. Dann entdecken wir uns selber. Wenn ich mich fühlen kann, höre ich mich (und auch den Anderen) besser. Wenn ich mich in den Anderen hineinfühlen kann, kann ich ihn ebenfalls besser hören, nehme ihn, seine Welt, seine Gedanken und Gefühle in mich auf. Die Kommunikation auf der Ebene der Gefühle ist ein wirksames Mittel, einander noch näher zu kommen. Bei der Kommunikation geht es doch auch darum, gut zuzuhören, damit die Worte **wie ein Samenkorn** in uns hineinfallen, die der Andere zu uns spricht. Wer hören will, wer den Anderen wirklich hören will, kommt auf der Gefühlsebene gut voran.

In einer guten Kommunikation geht es um beides: um gutes Hören, nämlich Zuhören mit dem Herzen u n d um die Gefühle. Wenn wir den anderen wirklich hören wollen, müssen wir auf die Ebene der Gefühle hinabsteigen, in die Tiefe unseres Personseins. Über die Gefühle – die eigenen und jene, die der Andere uns mitteilt, kommen wir einander näher, können wir uns selber und den anderen besser „hören“ und wahr-nehmen (seine Wahr-heit, seine Wirklichkeit echter erkennen).

Hören bedeutet zugleich ein Einfühlen in den anderen hinein, in seine Befindlichkeit, seine aktuelle Stimmung. Wie seine Geige gestimmt ist, hört der Musiker, indem er ihr ein paar Töne entlockt. Er fühlt sozusagen in diesem Moment mit seinem Instrument.

Wenn ich wissen will, wie der Andere gestimmt ist, kann ich mich in ihn hineinfühlen; ich bitte ihn, ein paar Töne über seine Stimmung zu sagen, mir seine Gefühle mitzuteilen. Wenn ich dann gut zuhöre, dann entdecke ich den Anderen in diesem Moment ganz tief und bin ihm ganz nah.
Und umgekehrt: wenn ich in mich hineinhorche, auf die leisen Töne achte, dann fühle ich, wie ich im Moment gestimmt bin.
Wer hören will, muss fühlen (können).

Deshalb sind das Zuhören mit dem Herzen und der Austausch auf der Ebene der Gefühle so wichtig in der ehelichen Kommunikation. Die

Sinfonie der Ehe braucht Instrumente, die gut gestimmt sind. Gut gestimmt ist in einer Ehe derjenige, der mit dem Herzen zuhören kann, der seine Gefühle hören und benennen kann, der die Gefühle des Anderen hören kann – und dann verantwortlich damit umgeht.

gefühle sind immer da,

so wie es auch immer irgendein wetter gibt! Wir haben aber oft die Fähigkeit verloren (oder sie nicht erworben), unsere Gefühle wahrzunehmen. Da hilft nur Übung. Der Meister der Violine, Pablo Casals, der weltberühmte Cellist, wurde im hohen Alter nach einer langen Laufbahn als Musiker gefragt, warum er sein Instrument denn so exzellent beherrsche? Die Antwort, die Casals gab, war überraschend: Ich übe täglich! sagte der alte Meister.

Ich übe täglich, wenn´s um Gefühle geht, sagen viele Männer, die das Glückssucherwochenende miterlebt haben. Tatsächlich kann man auch als Mann das Erkennen und Benennen der Gefühle lernen. Nach jeder Kommunikationseinheit beim Kurs werden die Teilnehmer gebeten, sich selbst zu fragen: Wie fühle ich mich? Wie fühle ich mich bei dieser Frage, bei dieser Antwort, beim Schauen auf diese oder jene Beziehungssituation usw. **immer wieder:**

wie fühle ich mich? Das ist eine Schulung, die gut tut und belebt.

Mit der Zeit gibt der Panzer um die Gefühle nach und die Gefühle offenbaren sich. Und selbst der in Gefühlen ungeübteste Mann wird zum gefühlvollen Gesprächspartner. Das haben wir so erlebt. Und es macht Spaß und Freude als Mann, Gefühle zu erkennen, zu benennen, zu ihnen zu stehen. Die, die das belächeln – die sind arm dran; und nicht derjenige, der im Benennen seiner Gefühle auflebt – und sein Mannsein ganz neu begreift.

die kommunikation verbessern * ...dadurch, dass wir die Gefühle zuerst mal und vor Allem in uns selbst wahrnehmen, sie uns bewusstmachen wollen. Und als Zweites: es wagen, darüber zu sprechen.....über das, was sich abspielt an Freude, Trauer, an Ärger oder Angst. Erst wenn wir bewusst danach suchen, die Gefühle zu akzeptieren, dann werden wir entdecken, dass wir fast jeden Tag. fast jeder dieser vier Gefühlsfamilien begegnen (Freude, Trauer, Ärger, Angst) *

ꝏ Wilfried: Die beim Wochenende erlernte, schriftliche Kommunikation (in Form des Briefes) mit anschließendem mündlichen Austausch ist für mich d i e Form geworden, bei der ich am meisten von mir selber entdecke, etwa abends nach einem anstrengenden Tag und mich dann meiner Frau auch tiefer anvertrauen kann, als nur mündlich. Ich entdecke beim Schreiben meine Gefühle, kann sie ihr mitteilen – und wenn ich ihre Gefühle lese, kann ich sie hören und muss sie nicht abwehren, etwa in dem ich wie früher sage: Du musst doch nicht traurig sein, oder ärgerlich. Denn damit habe ich sie nicht ernst genommen.

Waltraud: Das Mitteilen der Gefühle hilft uns, einander näher zu kommen, zu verstehen, anzunehmen und bewirkt immer wieder auch eine Verhaltensänderung meinerseits. Wenn ich von meinem Mann, der sich bei Entscheidungen schwer tut, die Gefühle höre, die er bei Entscheidungen fühlt, wenn ich seine Ängste höre, dann kann ich ihm eher mehr Zeit für eine Entscheidung lassen. Dadurch wird der Alltag entspannter. Ich lasse ihm seine Zeit , das nimmt ihm den Druck und er kann sich überraschenderweise dann oft bald entscheiden. Durch das Mitteilen seiner Gefühle verstehe ich seine Beweggründe besser. ꝏ

Wenn wir Nähe suchen, finden wir sie im Austausch unserer Gefühle. Vor allem, wenn wir unterschiedlicher Meinung sind. Wenn ich dem Anderen nur meine Gedanken und Beurteilungen mitteile, dann ist dieser zumeist damit beschäftigt, nach Argumenten zu suchen – und dann hört er mir nicht zu. Wenn ich dem Andern vorwerfe, was er vergessen hat, zu tun, dann bekomme ich mit größter Wahrscheinlichkeit als Antwort eine Rechtfertigung – und mit der Rechtfertigung beginnt die Schlacht ums Recht haben, wo einer den anderen übertrumpfen muss. Das sind die

Kampfregeln der Diskussion (lat.discutio = zerschneiden, zertrennen). Danach haben wir uns kein Gramm mehr verstanden und sind uns nicht näher gekommen. Im Gegenteil: jeder sitzt in seiner Ecke und hat die Kampfrüstung an.

Oft reden wir, bleiben keine Antwort schuldig, geben wahnsinnige Weisheiten von uns, um den Anderen zu übertrumpfen, darunter wahrscheinlich viele Torheiten; wir reden und reden, als ging es um unser Leben (so singt es Reinhard Mey in dem Song „Ich liebe dich"), wir reden...**reden...aneinander vorbei.**

Sage ich aber etwas über meine Gefühle, sieht das Ganze schon anders aus! Sage ich statt „Schon wieder hast du dich nicht an dein Versprechen gehalten" .... sage ich stattdessen: „Ich habe mich *alleine und überfordert* gefühlt!", dann ist diese Gesprächseröffnung nicht unbedingt der Anlass zur Rechtfertigung, sondern der Andere hört, wie es mir beim Nichteinhalten der Zusage ergangen ist. Das bietet die Chance zu einem völlig anderen Gesprächsverlauf.

Der Austausch auf der Ebene der Gefühle ist also **lebenspendend.**

Die Eheleute sind dazu berufen, den Gefühlen Raum zu geben,
und so in die Beziehungen Lebensatem zu bringen.

Dem Anderen sagen, wie es in mir aussieht, öffnet ihm die Möglichkeit, mich zu verstehen, und sich selber zu verstehen. Das Mitteilen eines Gefühls eröffnet eine andere Gesprächsebene: hier kann der Andere dann auch seine Gefühle mitteilen, etwa: „Ich habe mich, als du mich um jene Erledigung gebeten hast, sehr *unsicher und angespannt* erlebt. Ich war dann auch *ärgerlich* über diese Bitte, weil ich in *Sorge* war, das nicht erledigen zu können. Warum ich? dachte ich. Ich hatte aber einfach *Angst*, das dir zu sagen; ich wollte dich nicht enttäuschen.

Da sind eine Menge Ich-Botschaften, und zwar Gefühlsnachrichten *(siehe kursive Begriffe)* gesagt worden. Und schon liegt eine andere Chance auf dem Tisch, dieses Gespräch „glückend“ fortzuführen; glückend, **weil näherbringend.**

Am Ende weiß jeder von uns mehr über sich und über den Anderen und daher können beide beim nächsten Mal (bei einer Bitte etc.) sich anders verhalten.

gefühle

Gefühle sie kommen, kommen und gehn,
können so schnell wie der Wind verwehn.

Gefühle, sie schwanken, legen sich quer,
oder sie gehn freudig vor mir her.
Ich falle, ich schwebe, je nach Gefühl, in
mich gefangen, tief im Gewühl.
Ein Wechselbad manchmal; als Achterbahn, fühlt sich das Fühlen bei mir dann an.

gefühle

Gefühle, sie heilen, machen mich satt,
oder sie setzen mich schnell schach matt.

Gefühle, wie Schmetterlinge im Bauch;
beißend wie Wölfe, das kenn ich auch.
Gefühle sind Boten aus dem Gemüt,
tief aus der Seele, sind mein Geblüt.
Gefühle sind beides: schön und riskant,
bringen mich manchmal um den Verstand.

gefühle

Gefühle sie brauchen Klarheit, Vernunft,
statt Höhenflug tiefe Niederkunft

Dich lieben, auch wenn ein schweres,
Gefühl kräftig sich meldet, ganz streng
und kühl. Wenn gegen das Lieben alles
nur spricht
dann zeig ich freundlich dir mein Gesicht

gefühle

Gefühle, sie brauchen meinen Verstand
sonst fahren sie uns schnell an die Wand
Dass Lieben Gefühl sei, stimmt nur zum Teil
erst durch Entscheidung wird Liebe heil.
Ich will auf Gefühlen niemals ausruhn,

sondern entschieden dir Gutes tun;
ich will Freude spüren, die so entsteht,
wenn es dir mit mir recht gut dann geht.

gefühle

Gefühle am Anfang brachten uns Schwung,
schmecken ganz süß in Erinnerung.
Gefühle, sie tragen niemals allein,
das, was uns trägt, ist entschieden sein
Gefühle sind weder gut oder schlecht,

nur mein Verhalten macht mich zurecht
Was ich an Gefühlen habe erkannt
bringt mich so leicht nicht um den Verstand.

gefühle

Gefühle, sie kommen, bleiben und gehn,
sie zu beherrschen, lässt uns bestehn
Gefühle, sie werfen uns manchmal zurück
sie zu beherrschen beschert uns Glück
Ich fall nicht - stehe, weil du zu mir stehst
für mich entschieden bist; mit mir gehst.
Du fällst nicht und stehst, weil ich zu dir steh
für dich entschieden bin, mit dir geh wk

wer schreibt der bleibt
oder: reden ist silber schreiben ist gold

Die Kommunikationsform sieht so aus, dass wir uns Liebesbriefe schreiben. Wir beginnen also den Austausch in der schriftlichen Form...

ꝏ Wilfried: ...weil das Schreiben uns in die Tiefe führt. Wir machen das so, dass jeder für sich erst einmal seine Gedanken und Gefühle zu einem vorher überlegten Beziehungsthema niederschreibt, ganz ungestört. Beim direkten Sprechen kann es sein, dass ein Stirnrunzeln meines Partners mich verunsichert und ich sage nicht mehr das, was ich sagen wollte. Beim Niederschreiben bin ich ganz bei mir und kann mich aussprechen....

Waltraud: .....und dabei entdecke ich mich mit meiner Befindlichkeit und kann mich meinem Mann so vertrauensvoll mitteilen. Die Schriftform führt dazu, dass ich Dinge und Gefühle mitteile, die ich mündlich so nicht mitgeteilt hätte. Außerdem, weil es ein Liebesbrief ist, beginnen wir mit einer ausführlichen Wertschätzung für den anderen. Das ist wie ein Eintauchen in die Romanze, wo wir einander gesagt haben, was wir am anderen schätzen, mögen, lieben. ꝏ

da du da bist--------------kann ich ein da-heim finden
da du mir raum gibst-------------------bin ich ganz aufgeräumt
da du mich ansiehst-------------------------- bin ich angesehen
da du mich ansprichst------------------------spreche ich mich aus
da du mich anrührst------------------------kann ich mich rühren
da du mir zuhörst---------------------kann ich zu dir gehören
da du mir nah bist--------muss ich nicht das weite suchen
da du mich herausforderst---------------------geh ich aus mir heraus
da du mich aufschließst -------------------kann ich mich dir öffnen
da du mein lachen magst---------traue ich mir auch die tränen zu
da du die träume liebst-----------------wage ich den alltag mit dir
wk

ZWISCHENRUF: **sagen und sprechen**

Bevor man in der Ehe ein **„AUS!“ spricht** („Ich will nicht mehr drüber reden!“),

sollten Eheleute sich lieber **AUSSPRECHEN**...da sprechen sie sich frei.

Manchmal helfen persönliche **AUSSAGEN** („Du, mir geht´s jetzt so....)

bevor beide ein **„AUS“ sagen** = im Sinne von: es lohnt sich nicht mehr, das anzusprechen.

Hilfreich kann es sein

dem Schweigen **ABZUSAGEN**

anstatt dem Anderen **„AB!“ zu sagen** = ihm also abzuwinken, wenn der Andere reden möchte

Niemand kann sich vom

Schweigeverhalten **FREISPRECHEN** ...wer aber Mut hat,

kann im tiefen Gespräch **frei sprechen** ...und muss nichts verschweigen

Manchmal hilft eine liebevolle **ANSAGE** („Ich höre dir jetzt gerne zu!“),

mit der ich dem anderen **„AN!“ sage** („Ich bin a n geschaltet und kann dich hören!“)

Im grauen Alltag ist manches

Reden auch belanglos und **NICHTSSAGEND.** Von Belang aber ist, wenn du den Anderen – ihm von dir **NICHTS sagend –** im Ungewissen über dich lässt; da ist´s eher gut **VIEL sagend** zu sein,

aber doch auch nicht nur **VIELSAGEND** ... sondern eindeutig.

Im Bedarfsfall kann man den

Anderen **LOSSPRECHEN** ...das ist Versöhnung!

Und immer kann man ein **„LOS!“ sprechen** („Auf geht´s, wir machen uns neu auf den Weg“).

Einander also Liebe **ZUSAGEN**

und nicht „Ich-bin **ZU!“ sagen** ...wenn der Andere mich öffnen will für ein Gespräch

Wir gaben uns beim Ja-Wort das **VERSPRECHEN** ...und das enthält eindeutig den Auftrag, miteinander zu **SPRECHEN** (und zwar wesentlich!)

wertschätzung – der schlüssel für glückssucher

Wir sind im Alltag schnell geneigt, das Versäumnis des Anderen zu sehen, seine Fehler, seine Vergesslichkeit, seine Unordnung...und vieles mehr.... und sind gleichzeitig schnell mit dem Kritisieren. Das, was uns stört, sehen wir schnell – aber auch das Schöne und Gute an Anderen?

ꝏ Wir haben beim Wochenende gelernt, auf die Wertschätzung besonders zu achten, einander zu sagen, was uns gut tut an ihm. Das schafft eine völlig neue Atmosphäre in der Ehe. Wir beginnen den Liebesbrief stets mit einer ausführlichen Wertschätzung, und versuchen ganz kreativ das Gute am Anderen zu entdecken und zu benennen. Wir schauen da weniger auf Fähigkeiten (was der Andere gut kann), sondern auf seine Eigenschaften. Wenn wir den Anderen wertschätzen, dann bekommen wir einen anderen Blick auf ihn. Und wenn wir im Brief zunächst Gutes über den Anderen gesagt haben, dann weiß er/sie, dass wir ihn lieben, selbst wenn wir im weiteren Brief schwere Gefühle ausdrücken. Manchmal tut es auch gut, wenn wir vor dem Einschlafen uns kurz einander zuwenden und sagen: **was habe ich heute besonders an dir geschätzt?** Das ist zusammen mit dem Abendgebet ein starker Proviant für den Weg in die Nacht und dieTräume. ꝏ

eine alte eheregel heisst:
bevor du einmal kritisierst, musst du zuvor zehnmal gelobt haben!

Die Wertschätzung sagt dem Anderen: Du bist mir so viel wert wie ein Schatz, ja, du bist ein Schatz, und du bist es wert, dass ich dich deswegen achte, liebe und ehre. Und du bist dieser Schatz auch und bleibst es, wenn es zwischen uns Differenzen gibt.

das ist dein wert, das ist deine bestimmung – du bist es wert,
so sehr geliebt zu werden, dass es dem anderen
wirklich etwas kostet!“
johannes hartl

ein leib – und ein geist werden: ein bund Wir hatten vorhin vom Bund der Ehe gesprochen, statt nur einen Vertrag zu leben.

Wenn wir einander unsere tiefsten Gedanken und unsere Gefühle mitteilen, dann entsteht das, was die Bibel „ein Fleisch werden" nennt. Damit ist nicht nur die leibliche Umarmung gemeint, sondern auch die Umarmung in Seele und Geist.

Wenn wir einander uns ganz anvertrauen, bis hin auf die Gefühlsebene, dann ist das die Fortsetzung und Verwirklichung der Trauung einst vor dem Altar.

mich t r a u e n,
mich dem anderen ganz anzuver-t r a u e n Die Trauung ist mit der Trauung nicht abgeschlossen. Es gibt noch so viel, womit wir uns einander anvertrauen können. Es gibt noch so vieles in uns, dass wir mit dem anderen verheiraten können: indem wir es mitteilen. Der Ehebund will immerzu wachsen, indem ich mich immer mehr mit dem Anderen verbünde.

Wir haben mal gelesen, dass nach einem Geschlechtsverkehr eine halbe Stunde später wechselweise die Hormone des einen im anderen Partner festzustellen seien. Man könnte sagen: jetzt bis du in mir angekommen und ich in dir. Ich bin noch Ich und du bist noch Du, und dennoch sind wir auf eine geheimnisvolle Weise auch ein Wir, ohne zu verschmelzen.

So sollte auch die Kommunikation zwischen Mann und Frau sein, so, dass jede/r sagen kann: Du bist mit dem, was du mir anvertraut hast, jetzt ganz in mir –
und ich bin mit dem, was ich dir anvertraut haben, jetzt ganz in dir.

miteinander gut reden schafft einheit in der ehe So wird das leibliche Einswerden zum Zeichen und Ansporn auch für das Einswerden von Herz und Seele. Das Leibliche hat seine eigene (Körper-) Sprache. Das seelisch-geistige hat die Sprache der Gefühle.

die liebe zwischen eheleuten kann nur dann ursprünglich sein,
wenn sie eine gemeinschaft der seele und des geistes und des
herzens und des leibes ist.
gemeinschaft der seele bedeutet:
das leben in seiner tiefe miteinander zu teilen – und gemeinsam
darüber sprechen zu können,
was jeder leise zu sich selber spricht, wenn er allein ist.

(leon-joseph kardinal suenens)

ehe – wie ein stufentreppchen

der aufstieg ist
auch arbeit
stufe um stufe
ersteigen

aber
wir
kommen
uns
dabei
näher
schritt
für
schritt
von angesicht
zu angesicht
da wir uns ansehen
schenken

(und wir stehn zu zweit auf
dem Siegerpodest:
beide sind Gewinner!)

eine kommunikationsform, die unterschiede zusammenführt. Die Kommunikation über die Gefühle ist der beste Weg dorthin. Wenn der Mann von der Arbeit nach Hause kommt, und ärgerlich, missmutig ist, und es ihm gelingt, nach kurzer Zeit seiner Frau zu erzählen, welche Gefühle in ihm vorherrschen (Ärger, Wut über einen blöden Vorfall im Betrieb), dann kommt er seiner Frau ganz nahe.

Wenn die Frau dem nach Hause kommenden Mann eine Zeit des Ankommens lässt, und ihm dann erzählt, wie frech eine Marktfrau zu ihr war beim Einkaufen, welche Gefühle von Ärger und Wut sie dabei hatte - und er hört gefühlvoll zu, dann entsteht eine große Nähe zwischen den beiden. Natürlich könnte man mit einem kurzen Satz sagen „Heute war es schwierig im Betrieb“ (was kein Gefühl, sondern eine Beschreibung ist) bzw. „es war blöd auf dem Markt“. Doch diese reine Sachinformation führt nicht zum tiefen Verstehen des anderen.

Spüre ich jedoch und höre die Gefühle des Anderen, so bin ich an seinem Lebensnerv dran und kann mit ihm empfinden, mich einschwingen in seine Befindlichkeit. Und dies führt zum größeren Verständnis des Anderen. Der Mann begreift dann eher, dass seine Frau keine Lösung serviert bekommen will von ihm, sondern sie braucht es nur, dass er sie in den Arm nimmt und ihr Nähe schenkt – dann ist es schon wieder gut.

Und der Mann erfährt sich im Zuhören seiner Frau aufgehoben; er spürt, wie das Nachschauen in sich selbst, das Forschen nach seinen Gefühlen und im Aussprechen derselben, wie das ihn befreit und bereit macht für seine Frau. **im zuhören und im austausch über die gefühle feiern wir immer wieder hochzeit, kommen wir zu uns selbst (jeder zu sich) und kommen zueinander.** Die Liebe zwischen Eheleuten kann nur dann ursprünglich sein, wenn sie eine Gemeinschaft der Seele und des Geistes und des Herzens und des Leibes ist.

die ehe ist ein abenteuer sagen die Bibel und die Kirche. Und jemand anderer sagte einmal: **die eheleute sind die grössten abenteurer des jahrhunderts**

Die Ehe ein Abenteuer, weil es eine Gipfeltour ist, die uns herausfordert.
Die Ehe ruft uns heraus auf den steilen Weg...
...einander zu lieben, wie Christus uns liebt
...einen Liebesbund daraus werden zu lassen
...Zeichen in der Welt für Gottes Liebe sein / Sakrament
...Kirche im Kleinen sein

Beim Kurs wird die Vision Gottes entfaltet, die er für die Ehe hat. Er hat einen Plan mit den Eheleuten. Zugleich wird eine **alltagstaugliche Ehespiritualität** vermittelt, die bodenständig ist. Diese kann zum Beispiel so aussehen:

* Mann, wie kommst du von der Arbeit nach Hause? Sagst du dann nur, du seist müde von der Arbeit, fällst in den Sessel, um die Tageszeitung zu lesen, für die anderen und deine Frau bist du nicht zuhause?
Oder bereitest du dich vor, wenn du nach Hause kommst, indem du an deine Frau denkst und dir sagst: „Womit kann ich ihr einen Gefallen tun? Womit kann ich ihr eine Freude machen?
Es ist vielleicht ein dummer Kuss, ein scheinbar dummer Kuss oder einfach eine herzliche Umarmung. Gott weiß was, darauf kommt es nicht an. Gehst du mit deinem Herzen nach Hause....? Oder gehst du mit deiner unerledigten Arbeit nach Hause? **das ist eheliche spiritualität: der geist, mit dem man etwas tut, was immer es auch sein mag!** *

was bringst du mit, wenn du zuhause ankommst,
nach einem tag im beruf, nach dem sport?
bringst du nur noch reste mit von deiner kraft
für die beziehung zu deinem mann /deiner Frau?
oder hast du vom besten noch etwas aufgespart?
was hast du „übrig“ für sie/ihn?

Auch das ist **eheliche spiritualität:**

- sich aneinander binden, um frei zu werden **binden : frei**
- sich einander geben und voneinander reich werden **geben : reich**
- sich an den anderen verlieren, sich dabei gewinnen **verlieren : gewinnen**
- Fehler haben dürfen, aber einander nicht fehlen **Fehler : nicht fehlen**
- unvollkommen, doch willkommen **unvollkommen : willkommen**
- sich aushalten in schweren Tagen, das macht vieles leichter **schweres : leichter**
- sich konstruktiv auseinandersetzen: das setzt manches zusammen **auseinander : zusammen**

einander vergeben, nicht vergebens darauf warten **vergeben : nicht vergebens**

- sich die Treue bis zum Tod versprechen, das weckt heute schon Leben **bis zum Tod : heute schon Leben**
- Gott bei sich einlassen, nicht verlassen sein... **Gott einlassen : nicht verlassen sein**

Und Gott freut sich mit diesem Paar und nennt sie heilig, weil sie sich trauen mit Licht und Schatten auf dem Weg zu sein. Sie sind als Mann und Frau Abbild Gottes. Sie sind ein Sakrament!

wer nach einer ehe-spiritualität sucht kann diese beim Ehepaar-Kurs finden: Spiritualität in der Ehe ist sicherlich Beten, Gottesdienst, Kirche, Glauben – dazu gehört aber auch, dass man intensiv miteinander tiefgehende Gespräche führt...

Ehespiritualität heißt: einander gut zuhören (mit dem Herzen zuhören)... den Anderen auch dann lieben, wenn er uns weh getan hat...

...wenn wir aufhören, den anderen erziehen zu wollen...

...wenn wir die „Bilder“ wegwerfen, die wir uns vom Anderen gemacht haben und ständig meinen, er/sie müsse auch so sein...

all das, was wir auf den vorangegangenen Seiten bereits über die Kommunikation gesagt haben....

das ist alles Ehe-Spiritualität im weitesten Sinne

eheliche kommunikation hat mit gott zu tun! Gott ist ein Gott des Dialogs. Wir sagen, dass es ein dreifaltiger Gott ist: Vater, Sohn und Heiliger Geist. Wir sagen, in dieser Dreifaltigkeit ist es wie in einer Familie: es herrscht Beziehung hin und her, es gibt das Gespräch, die Kommunikation. Der Vater spricht sich aus – auf den Sohn hin. Der Sohn spricht sich aus – auf den Vater hin. Der Vater schenkt seine Liebe an den Sohn, der Sohn antwortet mit seiner Liebe. Und diese Liebe von einem zum Anderen ist ebenfalls eine Person: der Heilige Geist. Er ist die persongewordene Liebe zwischen Vater und Sohn.

Vergleichend können wir sagen: die Liebe zwischen Mann und Frau wird eines Tages Person – in einem Kind. Das Kind ist ein handfester, handgreiflicher Zeuge dafür, dass seine Eltern in tiefer, intensiver, intimer Kommunikation des Leibes und der Seele gestanden haben.

das vollkommenste abbild des dreifaltigen gottes sind an sich die eheleute Dieser Satz (von Pater Josef Kentenich stammend) kann staunen lassen! Weil Gott in sich Gespräch ist, reine Beziehung, darum sind die Eheleute in ihrem Bemühen um eine gute Kommunikation ein Abbild Gottes. Ihre Kommunikation ist Verwirklichung des Ehesakramentes im Alltag.

E + H + E

Wenn **E**hemann und **E**hefrau
den **H**errn
in ihre Mitte nehmen
dann ergibt das E+H+E = Ehe

„Da ging er mit ihnen hinein,
um bei ihnen zu bleiben"
(Lukasevangelium)

das ehesakrament ist ein beziehungssakrament! Es ruft in die Beziehung, in die Kommunikation, in das Gespräch hinein. Mann und Frau sollen ein Gespräch werden, so wie Gott in sich ein Gespräch ist. **eine gute ehe ist wie ein langes, tiefes gespräch!**

Dieses Beziehungsgeschehen hat drei Aspekte (von denen wir oben schon sprachen), die das Sakrament zeigen: **gespräch und gebet und sexualität.** Das sind drei Formen von Kommunikation und Dialog. Wir nennen sie die drei Königswege einer Ehe: bewusst gestaltetes Gespräch – bewusst gestaltetes Gebet und bewusst gestaltete Sexualität und das Sprechen darüber:

das sind drei wege zu einer glückenden ehe!

wenn ein mann seiner frau eine stunde lang
wirklich zuhört, dann ist dies schon ein mächtiges gebet.
(p.chuck gallagher sj
mitbegründer von marriage encounter)

Wie kann das gehen, dass das Gespräch von Mann und Frau wie ein Gebet sein kann? Vom Ehesakrament her gedacht ist Christus jeweils im Anderen gegenwärtig. Und so ist das Gespräch mit dem Anderen indirekt ein Gespräch mit Christus. Wie beim Mail würde man sagen: das Gespräch mit dem Ehepartner kommt „cc“ auch bei Christus an!

Genauso, wie ein gutes Gespräch zwischen Mann und Frau eine Form von Gebet sein kann, so kann nach unserem Verständnis auch die eheliche Sexualität ein Moment des Gebetes sein, eine Entfaltung des Ehesakramentes: in diesem Gespräch des Leibes ist in einer sakramentalen Ehe Christus gegenwärtig, wie damals in Emmaus. Der oben zitierte Ausspruch von P.Kentenich lautet nämlich vollständig so: **das vollkommenste abbild des dreifaltigen gottes sind an sich die eheleute**

man höre und staune: ***und zwar im augenblick des ehelichen aktes!***

Es ist also nicht lediglich eine soziologische, psychologische, kommunikationstheoretische Angelegenheit, was Paare tun, wenn sie sich um eine vertiefte Kommunikation bemühen, sondern auch eine theologische, von Gott her zu beschreibende Wirklichkeit: **sie entfalten und verwirklichen damit das Ehesakrament.**

Der amerikanische Theologe Scott Hahn schreibt in seinem Buch über „Die Kraft der Sakramente/Geheimnis und Gefolgschaft“ S.160: **Meine Frau ist ein Sakrament für mich.**
Sie ist für mich die Spenderin des Ehesakramentes, so, wie ich es für sie bin. Sie ist für mich ein Sakrament und eine Stunde mit ihr ist eine Stunde Gebet.
Mein Gespräch mit ihr ist eine sakramentale Begegnung. In ihr sehe ich die Liebe des Heiligen Geistes.... und in unserer körperlichen Vereinigung erfahre ich etwas von der Vereinigung Christi mit seiner Braut, der Kirche.“

schau mir tief ins angesicht
und entdeck darin das licht,
das nicht aus mir selber stammt
das von weither ist gesandt,
und doch nahe in mir ist

schau ich dir ins angesicht,
zeigst du mir darin das licht,
weil der dornbusch in dir brennt,
gott in dir im element
ER in dir und ER in mir
wir zusammen: gott ist hier

verwandlung – das ist die überschrift die über dem wochenende steht

Am Wochenende geschieht Verwandlung. Es sind zwar nur 48 Stunden, die es dauert, die aber für zahlreiche Teilnehmer zum Ausgangspunkt einer sie tief im Innern anrührenden Erfahrung mit nachhaltiger Dauer werden. Es ist wie die Erfahrung von Umkehr – der Umkehr vom bisherigen ehelichen Lebensstil, wenn der sich als unbrauchbar erwiesen hat.

verwandlung – überschrift auch über der ehe.

Und dann kommt Verwandlung beim Wochenende auch zur Sprache, zum Beispiel in dem Evangelientext, der eine Begebenheit bei einer Hochzeit in Kana schildert. Dort ist der Wein ausgegangen. Nur noch Wasser ist da: das Wasser der Tränen, das faulige abgestandene Wasser, das Wasser der Mühsal.....das es auch in jeder ehelichen Beziehung gibt. Dann kann aus Hoch-Zeit (der Hohen Zeit der Freude) eine Tiefzeit werden, eine Zeit der Ernüchterung. Dann aber nicht resignieren: „Füllt die Krüge mit Wasser!" heißt es. Auch in der Ehe dann nicht passiv bleiben, nicht abwarten, sondern Wasser schöpfen: das ist Arbeit an der Beziehung, die geschieht nicht von alleine. Das kann heißen....aufeinander zuzugehen....einander anzunehmen, auch wenn es im Moment noch schwer fällt.....sich zum Lieben entscheiden .....Vertrauen wagen.....das Gespräch suchen.....einander mit-teilen, wie es uns geht. Dann kann Verwandlung geschehen: „Wasser" in „Wein"

„Was er euch sagt, das tut" so rät Maria den Menschen. Und wenn wir tun, was er (Christus) uns sagt...nämlich Wasser schöpfen....dann geschieht das Wunderbare und unsere Tiefzeit wird verwandelt wieder in Hochzeit!

So können wir mit Hilfe der Gnade.....und die Gnade mit unserer Mithilfe eine zu Wasser gewordene Ehe wieder verwandeln zu einem feurigen Wein, dem Wein der Hochzeit. Und dann wird (wieder) Freude sein.

manchmal kennt die liebe
hohe zeiten und sie fühlt sich
so wie hochzeit an.
hochgefühl und frieden, uns
geleiten,
und es schmeckt wie wein,
der uns freude schenken kann

manchmal wirft ein tief uns
plötzlich nieder,
und gefühle werden heftig
schwer;
immer kommen solche
zeiten wieder,
sind dann so wie wolken
und bringen dunkel her

manchmal sind die krüge
unsres lebens
plötzlich leer, es
ist kein wein mehr da
und wir suchen freude ganz
vergebens,
wir sind wie entfremdet,
und uns dann nicht mehr nah

manchmal muss ein andrer
uns verwandeln,
manchmal kommt das wunder
auf uns zu,
manchmal kann nur einer
für uns handeln,
so wie einst zu kana es
christus für uns tut

lieben ist entscheidung
verwandlung zum frieden

manchmal wandelt er dann
unsre tränen
und die wasser unsrer
tiefzeit um,
wenn wir unsre not vor ihm
erwähnen,
wird er auch für uns seine
wunder wieder tun.

manchmal ist dann freude
wieder spürbar,
und *die liebe mehr als ein*
gefühl,
und wir werden wieder
ganz berührbar,
trunken von dem wein
der für uns vom himmel fiel

hoch-und tiefzeit, das sind
wechselspiele,
die sind uns auf erden
auferlegt.
liebe, das sind nicht nur
hochgefühle:
lieben ist entscheidung
die auch im schweren trägt.

lieben ist nicht zuerst
vermeidung, es ist jene kraft
die tief im herz bewegt. wk

ꝏ Als wir das Wochenende miterlebten, haben wir diese Verwandlung sehr deutlich gespürt.
Waltraud: Ich habe sehr viele Gemeinsamkeiten entdeckt, die mir vor-

her nicht so bewusst waren. Da hat sich mein Bild von unserer Beziehung verwandelt, es wurde reicher und bunter. Es ist dadurch viel Nähe entstanden. Eine andere Verwandlung: mir gelang es, dass ich meinen Mann mehr annehmen konnte, so, wie er ist. Ich konnte meine Versuche loslassen, ihn nach meinen Vorstellungen zu verändern. Ich glaube auch, dass ich, die manchmal sehr ungeduldig war, mit ihm mehr Geduld bekommen habe. Ich bin achtsamer geworden für ihn und seine Gefühle und Stimmungen. Auch habe ich mehr Vertrauen bekommen, Tabuthemen anzusprechen. Vor Rückfällen bin ich nicht gefeit, doch ich glaube, dass die verwandelnde Kraft des Wochenendes sich als stärker erweist. Der Satz „Lieben ist eine Entscheidung“ hat mich verändert.
Wilfried: Was ich am Wochenende erfahren habe, hat sich bei mir gedeihlich als Verwandlung weiter entwickelt und es haben sich neue Verhaltensweisen entwickelt (oder: ich bin dabei, diese weiter zu entwickeln). Eine davon ist mein Sprung von der Angst zum Vertrauen. Ich kann mich seitdem mutiger meiner Frau anvertrauen, auch mit den Wunden und Verwundungen meines Lebens, mit jenen Erfahrungen, die ich selbst sonst nicht anschauen konnte, sie verdrängt habe. Verwandelt hat sich auch meine Selbstannahme; dass „Gott keinen Mist macht“, als er mich schuf (so hörte ich am Wochenende) – dieser Satz hat mich ganz schön aufgemöbelt. Und ich merke mit den Jahren, dass ich weniger bequem bin (wie wir Männer manchmal von Muttern her so sind) und ich meiner Frau eher als früher helfe oder vorausschauend etwas tue, um ihr eine Freude zu machen, und dies sogar gern tue. Ich hab mich auch verändert in dem Mut, ihr zu sagen, wenn ich mich geärgert habe über sie. Früher habe ich dies oft gar nicht erst gespürt (nicht spüren wollen, und zwar um des lieben Friedens willen)! Verwandlung bedeutet bei mir: ich bin nicht (nie) fertig, aber es arbeitet in mir und ich arbeite dran,..... ꝏ

Weitere Beispiele von Verwandlungen: siehe Seite 55 unten und 56

die gaben der ehe (erstens): zeichen sein für christi gegenwart

Das Wochenende erinnert die teilnehmenden Paare daran oder sie hören es hier zum ersten Mal, dass Christus im Ehesakrament wirklich gegenwärtig ist (die „Realpräsenz" der Ehe) und dass sie dafür Zeichen sein dürfen in der Welt. Bei der Trauung (beim „Wandlungswort" der Trauung), dem Ja-Wort, geschieht es, dass Christus in einer besonderen, sakramentalen Weise gegenwärtig wird. ..... die Realpräsenz der Ehe.... äußerlich nicht zu sehen.... doch in Mann und Frau, da ist der Himmel los.... Er kommt in sie, um bei ihnen zu bleiben. In der Eucharistie ist Christus in den Gestalten von Brot und Wein gegenwärtig: hier ist er in der Gestalt des Anderen gegenwärtig. **jede begegnung in der ehe kann nun christusbegegnung sein**

Es gilt nun Christus in der Gestalt des Anderen zu empfangen, ihn im Anderen zu entdecken....Ich schaue dich an und sehe Christus in dir, der sich durch dich für mich gibt..... Ich höre deine Stimme und versuche zu entschlüsseln, was Christus mir durch dich will sagen: **der christus in mir grüßt den christus in dir**

Das ist eine wunderbare Sichtweise und wirklich ein großes Geheimnis. Aber so ist das Ehesakrament, so ist die sakramentale Ehe. Sie ist, wie der Tabernakel in der Kirche, ein Ort der Christusgegenwart. Vor dem Tabernakel brennt immer eine rote Lampe und die sagt: Achtung, hier ist Christus gegenwärtig. Ähnlich müsste vor jedem Ehepaar eine solche Lampe brennen und sagen: Achtung, hier wohnt Christus.......Wenn ich nun von dieser Gegenwart Christi im Partner der Ehe weiß – werde ich dann nicht hingehen und **dem anderen mit ehrfurcht und respekt begegnen!?**

...mit der gleichen Ehrfurcht, wie ich Christus begegnen möchte!.....was ich dem Anderen tue, an Gutem und Bösem, das berührt Christus in gleicher Weise!...... „Alles, was du dem anderen geschenkt hast, das hast

du mir geschenkt und was du dem anderen an Liebe vorenthalten hast, dass hast du mir vorenthalten“ (so ungefähr sagt Christus es).
Ist das vielleicht das

geheimnis glückender ehen von Glaubenden, die auch die schwersten Zeiten durchgestanden haben, weil sie immer wussten: im Partner steht Christus vor mir?..... Führt das nicht zu einem respektvolleren und ehrfürchtigeren Umgang miteinander, auch in Konflikten, und damit zu einer Stabilisierung der Ehe....dieses Wissen um den Christus im anderen?

Da schau ich den anderen mit anderen Augen an. Da sehe ich alles in einem anderen Licht.

den anderen bedingungslos lieben wie christus uns liebt

Christus ist in seiner Liebe bis zum Äußersten gegangen. Er hat sogar geliebt, bis es weh tut. Dazu sind auch die Eheleute gegenseitig gerufen, in guten und in schweren, sogar in bösen Tagen. Bedingungslos lieben heißt, den Anderen um seiner selbst willen lieben, aber nicht, weil ich dadurch Vorteile für mich habe. Also gerade dort lieben, wo es schwerfällt

den anderen wie den eigenen leib lieben

Also: das Gute, dass wir immer weiter unserem Leib antun, damit es ihm und uns in ihm gut geht, auch dem Partner schenken. So, wie ich beim ersten Anzeichen von Hunger und Krankheit meinen Leib pflege, so die Bedürfnisse des Anderen schon erkennen, lange, bevor er/sie diese ausgesprochen hat – und ihm das geben, was er/sie in diesem Moment von mir braucht. So wird Christi Gegenwart in einer Ehe spürbar.

zeichen für die gegenwart der liebe christi sein

Für diese Gegenwart Christi sollen die Eheleute Zeichen sein. Sie müssen dazu nicht besondere Aktionen planen oder Schilder vor sich hertragen „Seht her, wer wir sind!“. Nein, Paare die sich um eine gute Kommunikation bemühen, die gut und vertieft im Gespräch sind – die sind von selbst

Zeichen, die strahlen etwas aus von Christus und seiner Liebe; die sind Salz der Erde, Licht der Welt, Stadt auf dem Berge. Ein hoher Anspruch?

Nur dann, wenn es die Gnade (die Mitwirkung und Befähigung) durch Gott nicht gäbe. Wir müssen nicht nur auf offiziell heilige Ehepaare schauen. Ein jedes Paar ist eingeladen, den Weg der ehelichen Heiligung zu gehen, heil zu werden, ja heilig zu werden. Wer dieses Wort für sich ein wenig abstoßend erlebt, mag darüber nachdenken, dass unser ganzes Leben vor Gott ein Weg der Heiligung ist, wo wir mit seiner Gnade und unserem Tun an unserer Heiligung und Heilung zusammenwirken. Das geschieht im ganz Alltäglichen: man könne auch an Kochtöpfen heilig werden, sagte eine große Frau des Glaubens. Man kann in einer Ehe heilig werden, in den kleinen Schritten täglichen Hingebens an den Anderen

unser liebesbund wird stark gemacht: durch die kirche

Durch das Verbundensein mit einer größeren Gemeinschaft Gleichgesinnter, wie es die Kirche ist, können wir als einzelnes Ehepaar gestärkt werden. Wir brauchen helfende Erfahrungen. Er-fahrungen hat mit „Fahren" zu tun, also mit anderen zusammen Wege zu gehen, zu fahren und dabei Er-fahr-ungen zu sammeln. Wir brauchen Erlebnisse, die uns weiter helfen. Er-leb-nisse hat mit „Leben" zu tun, also mit anderen zusammen zu leben, und so das Leben in uns zu mehren. Wir brauchen Er-inne-rung, die uns nach innen an den Kern, an das Wesentliche führen, damit wir uns nicht in Äußerlichkeiten verlieren.

Dies alles kann uns die Gemeinschaft der Kirche geben: sie ist uns lebendige Er-inne-rung an unseren Liebesbund. Das Wort, das wir brauchen, können wir uns kaum selber sagen. Wer uns Er-fahr-ungen, Er-leb-nisse und Er-inne-rung schenkt, tut uns Gutes, baut mit an unserem Leben als Ehepaar. In einer größeren Gemeinschaft zu leben, tut uns gut. Gemeinsam ist besser als einsam.

die gaben der ehe (zweitens):

heilung und versöhnung Jesus hat immer wieder Menschen geheilt. Und er hat seine Jünger hinaus gesandt, die Menschen zu heilen und ihnen die frohe Botschaft anzusagen.
Auch die Ehepaare sind durch das Ehesakrament begabt dazu, zu heilen und Versöhnung zu stiften, da wo Verletzungen geschehen sind: in Worten, Taten, durch Nachlässigkeit und Gleichgültigkeit, durch zu wenig Achtsamkeit für den Anderen........

Eine wichtige Erfahrung von uns lautet: wir kommen nicht daran vorbei, uns im Alltag, im Schnellzug des Miteinanderlebens, zu verletzen. Es ist so sicher wie das berühmte Amen in der Kirche, dass dies geschieht: bewusst oder meistens unbewusst und ungewollt. Es muss kein großer Eklat sein, vor allem passiert es in den kleinen Momenten der Ehealltags. Da wird deutlich, dass wir Menschen sind.

Da wir aber Menschen sind, haben wir auch die Fähigkeit zum Nach-Denken, zur Nachbetrachtung eines schmerzlichen Ereignisses, also zur Selbstreflexion unseres Verhaltens – und zur Umkehr.

Wir werden Verletzungen zwar nicht vermeiden können, aber es kommt darauf an, wie wir in einem Liebesbund damit umgehen.

einander verzeihen
und um verzeihung bitten
ist die schönste liebeserklärung

Wenn ich um Verzeihung bitte und Vergebung gewähre sage ich damit: Ich glaube an deine Liebe, auch jetzt. Ich gewähre dir meine Liebe, auch jetzt. Ich traue mich, mich dir anzuvertrauen, mit meinem „Ausrutscher“, meiner Lieblosigkeit. Ich vertraue auf die Macht deiner und unserer Liebe.

Durch die Versöhnung gerät die Beziehung wieder in den Frieden. Ja, wir kommen uns durch jede Versöhnung (=Heilung) noch näher.

Das kann man sich bildlich s o vorstellen: beide Ehegatten sind über einen Faden miteinander verbunden. Wenn einer den Anderen verletzt, dann reißt diese Schnur durch. Bittet der „Täter“ um Verzeihung und gewährt der Andere Vergebung, dann knüpft dieser damit den Faden wieder mit einem Knoten zusammen, und die Verbindung ist wieder hergestellt. Doch – was geschieht mit dem Faden, wenn er immer wieder reißt und zusammengebunden wird? Der Faden wird dabei immer kürzer, und das bedeutet, dass die Eheleute stets näher zusammenrücken.

So kann eine Beziehung sogar durch Verletzungen hindurch und durch die anschließende Versöhnung wachsen und reifen. Auf den Wunden können Rosen wachsen. Wir kommen uns näher durch Versöhnung.

Es kommt bei einer Versöhnung auch nicht darauf an, wer nun Recht hatte....sondern darauf an, dem Anderen zu geben, was dieser jetzt von mir braucht. Jede Versöhnung ist ein Nachbuchstabieren des Ja-Wortes.

wie ein kuss nach
langem schweigen
wie ein wort
von toten lippen
wie ein tor
in einer mauer
wie ein brief
nach langer stille
wie ein schlüssel
im gefängnis
so ist versöhnung
so ist vergeben
und verzeihn
(nach J.Werth)

die gaben der ehe (drittens):

danksagung und lobpreis Eine sakramentale Ehe ist Danksagung an den Schöpfer. Das Zusammenwirken von Frau und Mann, in ihrer Liebe und in der Beteiligung an der Schöpfung ist Anlass dazu. Es ist eine große Auszeichnung der Ehe, sie zu nennen **kirche im kleinen: im ehelichen gottesdienst** wird die große Danksagung vollzogen und gefeiert.....

...im „Bußakt", dort, wo Versöhnung, Vergebung und Umkehr stattfinden

...im „Wortgottesdienst", d.h. im Dienst des Wortes, das im vertieften Gespräch des Paares lebendig wird und Fleisch annimmt

...im „Tagesgebet" der Ehe, wo sich der kleinen und großen Themen dieser Ehe angenommen wird und sie vor Gott gebracht werden (früher hieß dieses Gebet „Collecta, siehe Kollektieren" weil dieses Gebet alle Anliegen einsammelte)

...in der „Wortverkündigung", wenn der eine dem anderen seine ins Wort gebrachten Gefühle, Gedanken, Erfahrungen und Gestimmtheit „verkündet" und wo beide einander zuhören und zwar mit dem Herzen

...in der „Lesung" der Ehe, da beide sich ihre an den anderen geschriebenen Liebesbriefe vorlesen oder selber lesen, sodass dort eine „Lesung aus dem Brief der Ehefrau an den Ehemann" und umgekehrt stattfindet

...im „Evangelium" dieser Ehe, in der Gott sein Evangelium mit den beiden „weiterschreibt", und wo das Paar zum Zeichen in der Welt, zur frohen Botschaft für andere gestärkt und eingeladen wird „Gib dem Evangelium dein Gesicht!"

...im „Glaubensbekenntnis" der Ehe, wo der Glaube der beiden aneinander und an den Herrn formuliert wird, in der Erneuerung des Ja-Wortes

...in der „Gabenbereitung" der Ehe, wo Mann und Frau ihre Gaben und Begabungen zum Lieben einander und Christus, als dem Dritten im Bund hinhalten, letztendlich auch sich als Gabe einbringen

...in der „Wandlung“, in der beide sich vom Wort Christi erfassen und verwandeln lassen, um füreinander Raum der Gegenwart des Herrn zu sein und immer noch mehr zu werden

...in der „Kommunion“ der Ehe, wo beide sich leiblich begegnen und jede/r zum Anderen sagen darf: „Das ist mein Leib für dich“ und so ein Zeichen der Hingabe setzt. Wo Christus gegenwärtig ist im Leib der beiden und sich so mitschenkt

...im „Segen“ der Ehe und dem „Sendungsruf Gehet hin in Frieden“, was nichts anderes heißt als, geht jetzt als lebendiges Zeichen und seid Salz und Licht in der Welt

...im abschließenden Loblied, das ist die Wertschätzung, mit der man dem Anderen sagt, was man an ihm schätzt – ihn lobt und Gott lobt wegen des Partners, in der Erkenntnis, welch ein großer Schatz der Andere doch ist

Das alles ist zusammen gesehen die Danksagung der Ehe. **die ehe ist in sich eine grosse danksagung an den schöpfer** Beim Wochenende wird die Dankbarkeit aufgeweckt und manches, was bisher routinemäßig als selbstverständlich galt, verliert diesen Charakter und es taucht der Dank auf, wird hinausgeläutet im Dankgebet bis zum Himmel. Eine neue Dankbarkeit für den Partner wird wach, dessen Wert man neu erkannt hat......weil man die Beziehung mit anderen Augen anschaut und mit anderen Ohren hört.

Paare, die aus der Dankbarkeit leben,
sehen weiter.
Paare, die aus der Dankbarkeit leben
sehen tiefer
Paare, die aus der Dankbarkeit leben
sehen alles in einem anderen Licht
(nach einem Text von L.Zenetti)

die spiritualität von marriage encounter

hat uns verändert ∞ Den Wunsch, unsere Ehe spirituell zu bereichern, hatten wir schon lange Jahre, bevor wir ME kennenlernten, über 20 Jahre lang waren wir hier auf der Suche. Wir wünschten uns, gemeinsam beten zu können, wir versuchten es, aber blieben immer wieder auf der Strecke. Was war los mit uns? **eine seltsame scheu hinderte uns daran.**

Uns voreinander leiblich nackt zeigen, das hatten wir gelernt. Aber uns voreinander zu offenbaren mit tiefsten Herzensgedanken über Gott und unsere Gottesbeziehung – da hielt uns etwas zurück. Natürlich gelang es uns, Formel-Gebete miteinander zu sprechen.

Dann geschah es, dass wir das Ehepaar-Wochenende von ME mitmachten und dort der Spiritualität der ME-Botschaft begegneten. **die ganzheit dieser spiritualität sprach uns an.**

Gebet und Glaubensleben, Dialog und Sexualität in einem Atemzug als Spiritualität zu verstehen beflügelte uns. Dass dies das Brot von ME war, machte uns dankbar.
Dass dieses Brot eins war und doch drei Sorten besitzt, fanden wir hilfreich bei unserer Suche nach dem gemeinsamen Gebet: Dialog, Gebet, Sexualität sind allesamt Spiritualität – das war ein neuer Gesichtspunkt, den wir aber gerne annehmen. So ist also auch ein gutes Ehegespräch Spiritualität, so ist also auch Sexualität Spiritualität (kann es jedenfalls sein) und Gebet: natürlich, das war für uns nichts neues. **spiritualität ist be-geist-erung**

Aus dem Dialog, dem Liebesbrief mit dem anschließenden mündlichen Austausch heraus, aus dieser neuen Weise des Miteinandersprechens, haben wir auch den Zugang zum erwünschten gemeinsamen Beten gefunden. Die Botschaft von ME hat uns be-geist-ert, d.h. mit dem Geist erfüllt, der uns fehlte, um miteinander beten zu können. Der ehrliche Austausch im Dialog hat uns dazu fähig gemacht ∞ **der weg zum gemeinsamen beten führte über das miteinandersprechen**

Die landläufig als „profan“ geltende (soziale) Kommunikation eines Paares kann also das als sakral geltende Beten erwecken und ermöglichen. Denn so profan ist das Miteinandersprechen in einer sakramentalen Ehe aber gar nicht, es gehört zusammen mit der Gestaltung der Sexualität zum Bereich der Heiligung der Ehe (wie wir bereits vorhin ausführten).

Da die Ehe ein Sakrament ist, gehört eigentlich
alles in den Bereich der Spiritualität, was zwei Eheleute tun!
Kommunikation, Gebet, Sexualität, Hören und Fühlen führen dazu, dass
sie immer mehr ein Fleisch werden

Das haben wir erlebt!

gerade wurde mir ganz klar,
dass in der liebe für die liebe
zwei allein nicht genügen:
ich brauche immer wieder einen
Dritten, an den ich mich
wenden könnte,
zur Beruhigung, zur
Danksagung –
zur Ergänzung;
und dieser Dritte, den ich
benötige
in meiner Liebe.
den ich mitdenken möchte
in meiner Liebe,
der für die jeweilige Wendung
in mir sorgt,
kommt mir nur mit
dem Namen GOTT in den Sinn.
(Peter Handke)

und nach dem wochenende:

etwas in der hand haben – für den alltag

ꝏ Es gibt viele Veranstaltungen, die wir besucht haben, bei denen wir uns Verhaltensänderungen vorgenommen haben, oder bessere Strukturierung von Zeit und Ordnung. Ganz oft ist dieser gute Vorsatz kurze Zeit später dem Schicksal der meisten guten Vorsätze nachgeeilt und im Vergessen gelandet. Anders beim Kurs von ME! ꝏ

Die Paare, die das Ehepaar-Wochenende bei ME mitmachen, bekommen eine Kommunikations-und Dialogform mit nach Hause (s.Seite 29 ff.), die eine starke, handgreifliche Unterstützung ist. Sie hat einen leicht umsetzbaren Rahmen und viele, viele Paare praktizieren diese Form des Austausches schon seit 40 Jahren. Inzwischen ist sie bei vielen schon keine reine Methode mehr, sondern zu einer Lebensweise und Lebenshaltung „befördert“ worden. Die Paare haben etwas Handfestes in der Hand, und können den verführerischen Versuchen des Alltags, das alles wieder zu vergessen, energisch widerstehen. So wird das Wochenende zu Hause weitergeführt und vertieft. Man könnte sagen: die Paare tragen das verkleinerte und doch powervolle Wochenende bei sich.

viele sprechen von dem M E H R, das ihnen der kurs beschert habe.

Sie nehmen eine gestiegene Qualität in ihrer Beziehung wahr und berichten vom Zuwachs für ihre Lebensqualität:

Mehr Freude in der Beziehung.....mehr gelebte Zweisamkeit.....
mehr Zärtlichkeit.....mehr Achtsamkeit.....
mehr zuhören und Verstehen.....mehr Annahme der Unterschiedlichkeiten.....
mehr Kraft durch ein miteinander glauben

Und sie sprechen später darüber, was ihnen dieser Kurs geschenkt hat und benennen das, was mit ihnen geschehen ist so: **eine neue art, ein paar zu sein:**

nämlich:

miteinander ins Gespräch kommen.....einander besser zuhören..... über sensible Bereiche sprechen.....Vertrauen wagen.....sich und den Anderen verstehen lernen.....Unterschiede annehmen.....und: das der Andere nicht vollkommen ist..... einander vergeben.....aneinander und miteinander glauben

„Das Wochenende war für uns wie eine Verwandlung vom bewusstlosen Nebeneinander zum achtsamen Miteinander.....Wir haben erfahren, dass wir der Alltäglichkeit unserer Beziehung nicht hilflos ausgeliefert sind, sondern stets die Möglichkeit haben, uns **immer wieder neu zum lieben entscheiden** zu können.....Dieser Kurs hat jeden von uns in seiner persönlichen Entwicklung weiter gebracht“, sagt ein Paar nachher.

Ein Mann: „ Ich habe beim Kurs blitzschnell die Chance erkannt, die mir als Mann **die Austauschform** des dort kennen gelernten Dialogs brachte“.

Eine Frau: "Beim Kurs konnte ich aufatmen, als ich hörte, **gefühle sind weder gut noch schlecht,** sie sind moralisch nicht zu bewerten“.

Ein Mann: „Ich habe erfahren, dass wir an unserer Beziehung arbeiten können. Die Offenheit der Teampaare hat mir einen neuen Weg aufgezeigt, **auch riskante tabuthemen** anzusprechen“.

Eine Frau: „Im Kurs hat sich auch sehr deutlich **meine gottesvorstellung verändert**. Vorher hatte ich den Eindruck, Gott könne mich unmöglich so lieben, mit meinen schwachen Seiten.“

Ein Paar: „Wir haben einander beim Kurs **zur wiederentdeckten nummer eins** gemacht, und das tut uns gut!“

wie man den neuen lebensstil im paar weiter pflegen kann

ꝏ Wir haben es getan durch den regelmäßigen Liebesbrief zu Hause – und tun es bis heute.

Etwa 2-3 mal in der Woche haben wir diesen Austausch gehalten, es gab Zeiten, wo wir es täglich taten. Das waren unsere stärksten Zeiten in der Beziehung. Täglich 20 Minuten: 10 Minuten Schreiben, 10 Minuten Lesen plus mündlich Austausch darüber – das ist gut investierte Zeit. So viel Zeit, wie eine Tagesschau im Fernsehen dauert. Diese abendliche **tagesschau im paar** bringt uns auf den neuesten Stand. Einzige Nebenwirkung: **mehr Nähe.**

Dann haben wir uns einer Dialoggruppe der ME-Gemeinschaft angeschlossen. Das muss nach dem Wochenende nicht unbedingt sein; man kann den Weg auch allein als Paar weitergehen. Das Wochenende ist auch ohne anschließende Teilnahme an einer Dialoggruppe der ME-Gemeinschaft sinnvoll.

Wilfried:

Ich habe jedoch bemerkt, die Dialoggruppe ist eine Hilfe. Da treffen sich monatlich 3-4 Paare und halten miteinander den Dialog, bestärken sich gegenseitig. Es ist für mich immer wieder erfrischend, dass die Anderen genau die gleichen Ehe-Themen und Anstoßpunkte haben. Im Unterschied zum Wochenende gibt es hier nämlich die Möglichkeit, einander aus den Briefen mitzuteilen – was ungemein stärkend und aufrichtend sein kann. Da erfahre ich: auch andere Paare haben die gleichen Themen Wir sind als Paar nicht allein. ꝏ

der dialog ist die persönliche **tagesschau** im paar,

wo wir unsere **tagesthemen** von **heute** anschauen

was für gründe es geben kann, um am glückssucher-wochenende teilzunehmen:

Wir sind gern verheiratet – und wir möchten das ein ganzes Wochenende lang genießen, reflektieren und für die Zukunft sichern. Wir möchten erfahren, wie wir noch wachsamer unsere Beziehung gestalten können.

Ich möchte meinen Mann/meine Frau noch besser verstehen lernen. Ich möchte ihn/sie mit dem Herzen verstehen. Wir denken so unterschiedlich.

Ich habe immer noch Träume für unsere Ehe – und ich möchte die Kraft dieser Träume wieder für unsere Ehe und Beziehung freisetzen und entdecken, was unter der Decke der Alltagsroutine doch noch für Schätze ruhen

Ich suche einen Weg zu einer guten Kommunikation. Ich möchte die Hemmungen dazu verringern und Mut finden, einen neuen Gesprächsanfang zu setzen. Die Sehnsucht danach haben wir beide schon lange.

was erwartet paare beim wochenende?

ꝏ Waltraud: Es erwartet sie eine wunderbare Zeit und ein geschützter Raum für sich als Paar. Denn beim Wochenende bleibt jedes Paar mit seinem Dialog f ü r s i c h, es gibt kein Gruppengespräch, keine Gruppendiskussion.
Nur in der Zweisamkeit des Paares kann etwas Neues wachsen.
In diesem Raum des Wochenendes gibt es verschiedene Impulse durch das Team zu den unterschiedlichen Beziehungsbereichen einer Ehe. Das Team erzählt von eigenen Erfahrungen; es gibt wenig Ehe-Theorie, dafür viel Beziehungserfahrung. Inhaltlich gibt es den Blick auf sich selbst, den Blick auf „uns als Paar“, den Blick auf Gott,

Wilfried: Ich habe damals erlebt: Die Erfahrungen des Teams stecken an und ermutigen mich auch dazu, Tabuthemen ins Gespräch zu bringen. Wenn die Paare im Team so offen von sich sprechen können, dann kann ich das doch auch in meiner Ehe so tun. Die Beispiele des Teams haben mich zu mir selber geführt – und zu meiner Frau. Vor allem der

Blick auf mich selbst hat mir ganz viel gegeben und mich für meine Frau geöffnet

Waltraud: Wir möchten alle Ehepaare ermuntern, die gleiche Erfahrung zu machen, wie wir. Ich würde sagen: **kommt und lasst euch darauf ein und erlebt, wie ihr neue freude an eurer beziehung findet!**

Dabei mitmachen heißt nicht, dass man in der ehelichen Beziehung ein Defizit haben muss. Der Zugang ist viel fröhlicher: wer gern verheiratet ist und Freude hat an seiner Ehe, der kann dies durch das Wochenende bestärken und festigen, sicherer machen gegen den unbewußten Verfall in der Zeit.
Ich habe jedenfalls beim Wochenende ganz neu erfahren, welch ein Schatz doch mein Mann ist...

Wilfried: ....und ich habe umgekehrt meine Frau neu schätzen gelernt und habe kapiert, wie kostbar doch jede gemeinsame Lebenszeit als Ehepaar ist – und dass es unsinnig ist, diese kostbare Zeit, die uns gegeben ist, durch Konflikte, Missverständnisse, Schweigen etc. zu vergeuden.

Ich möchte meinerseits auch **gern di e Männer einladen**, ihrer Frau diese Erfahrung zu schenken – und nicht nur ihrer Frau, auch sich selbst! Ich selbst habe für mich sehr viel Aufbauendes hier gelernt, wovon wir heute noch leben.

fernwirkungen

Waltraud: Das Wochenende hat auch Fernwirkungen auf den gesamten Lebensstil für uns gehabt. Uns gegenseitig im Alltag an die 1.Stelle zu setzen und nicht etwas Anderes, war für uns ein wichtiges „Ergebnis". Neue Werte wurden wichtig. Manches andere wurde unwichtig. Fernsehen abends, das oft nur Individualismus zu zweit war, bekam einen anderen Stellenwert. Der Austausch im Paar und die Zeit füreinander wurden mir wichtiger.

Wilfried: Da wir beim Wochenende eine intensive Gesprächsform kengelernt haben, die in die Tiefe führt, hat mich von da an seichte Kommunikation, wie sie vielfach abläuft in meiner Umgebung (small talk), irgendwie gestört und ich spürte Unwohlsein dabei.

Ich kenne andere Paare, bei denen der Kurs Auswirkungen hatte auf die Beziehung zu den Kindern. Kinder wurden nicht mehr nur nach

Schulnoten bewertet, sondern auch mit ihren Sorgen und Nöten gesehen. Das „Wie fühlst du dich...?“ wurde auch gegenüber den Kindern wirksam.

Waltraud: Der Dialog, anfangs eine Methode, entwickelte sich zu einem neuen Lebensstil, der uns aufmerksamer füreinander machte. Wir sind aber nie fertig damit, sondern bleiben stets den Gefährdungen im Alltag ausgesetzt, fallen immer wieder mal in die alten Fallen – mit dem Unter schied, dass wir heute schneller daraus hinausfinden. ꝏ

Übrigens besteht das Team aus drei Ehepaaren und einem Priester, dessen Alltagsbeispiele auch für Eheleute sehr ansprechend und herausfordernd sein können.

ehe – wie ein lagerfeuer: wärme licht glanz herrlichkeit
ein feuer am leben halten, ist arbeit
wer wacht über das feuer wer legt holz nach wer hütet es
ohne aufmerksamkeit wird es zur sparflamme
wenn es heruntergebrannt ist: wer kehrt die asche fort
wer bläst in die glut
jedes tiefe gespräch ist atem für´s feuer
ehe – wie ein lagerfeuer

überall, wo die liebe eingang fand, verwandelt sich unser leben in brennstoff. (madeleine delbrel)

Brannte nicht unser Herz?

zur geschichte dieses weges

ehelicher beziehung Es war in Spanien. Ein Gemeindepriester, Gabriel Calvo SJ, sagt sich: Ich muss etwas für die Spiritualität der Eheleute tun, für die Stärkung ihrer Beziehung und dadurch auch etwas für die Stärkung der Familien.

Zusammen mit ein paar Eheleuten entwickelt er ein Wochenendseminar für Ehepaare. 1962 fand es zum ersten Mal in Barcelona statt. Encuentro matrimonial, eheliche Begegnung, nennt er dieses Wochenende. Die Spiritualität der Ehepaare ist nach Pater Calvo das gelingende, tiefergehende Gespräch – und zwar auf der Ebene der Gefühle. Eheleute pflegen ihre spezifische Spiritualität, wenn sie gut im Gespräch sind.

Die Idee und das Konzept wandern in die USA. Gabriel Calvo trifft den Jesuitenpater Chuck Gallagher, der die Vorgabe aufgreift und zusammen mit einigen Ehepaaren weiterentwickelt. Dabei entsteht - vom Ursprungskonzept her gesehen – eine etwas andere Fassung des Wochenendes. 1968 gilt als das Geburtsjahr von Worldwide Marriage Encounter (ME). Worldwide = weltweit, denn das Wochenende verbreitet sich ganz schnell in der ganzen Welt.

Das Ursprungswochenend-Konzept von Pater Galvo wird in Deutschland heute noch im Exerzitienhaus Hochaltingen angeboten.

Der Erzbischof von Brüssel, Kardinal Suenens, der nach dem letzten Konzil auf der Suche war nach neuen geistlichen Aufbrüchen in der Kirche, hört von der Existenz von ME und beauftragt einen seiner Priester, Guido Heyrbaut, dieses Wochenende zu erkunden. 1972 nimmt dieser Priester an einem Wochenende in den USA teil und kehrt tief beeindruckt und begeistert zurück. Zwei Monate später nimmt Heyrbaut erneut an einem Wochenende in den USA teil, diesmal (inkognito) begleitet von Kardinal Suenens.

Pfingsten 1972 kommt ein amerikanisches Wochenendteam nach Belgien und leitet das erste ME-Wochenende in Belgien. Von Belgien aus verbreitet sich das Wochenende sodann in Europa und kommt 1979 nach Deutschland: in dem Ort Linsengericht in Hessen, östlich von Frankfurt, findet im Januar 1979 das erste deutsche Wochenende statt, zwei Monate später in Österreich, 1981 in der damaligen DDR.

Die Geschichte von Marriage Encounter schreibt sich weiter an jedem Wochenende, das weltweit stattfindet. In den letzten Jahren ist das Wochenende auch in Russland angekommen und wird angenommen. Marriage Encounter heißt zu deutsch: (Vertiefte) Begegnung in der Ehe.

Das Wochenende für Ehepaare trägt den Titel ZEIT FÜR DIE LIEBE.*) Papst Franziskus kennt aus seiner Zeit in Argentinien, wo ME ziemlich verbreitet ist. Auf dem Petersplatz sagte er einem ME-Paar, er sei sehr vertraut mit Marriage Encounter, und der gute Arbeit, die dort für Eheleute als Ehebegleitung gemacht werde.

ME bietet auch ein Wochenende für Brautpaare / Paare in fester Beziehung an: MUT ZUR LIEBE.

Auch für Priester gibt es einen Geistlichen Kurs DIE BERUFUNG NEU ERLEBEN – GEISTLICHE TAGE FÜR PRIESTER. ME sieht im Ehe- und im Weihesakrament eine Gemeinsamkeit, nämlich dass beide in unterschiedlicher Form zu einem Leben in Beziehung herausrufen, letztlich zur Liebe.

Weitere Informationen: www-me.deutschland.de

siehe auch Interview
https://www.kirche-in-not.de/app/mediathek/play/sCategory/1/sScope/video/sItem/0010002360

*) Im Großraum Köln gibt es ein auch ein Angebot für Paare, das nicht von ME stammt, jedoch den gleichen Titel trägt: Zeit für die Liebe.www.zeitfuerdieliebe.de

Wir hatten dieses Buch damit begonnen, dass wir Eheleute als Glückssucher bezeichnet und vom Glückssucher-Wochenende gesprochen haben. Wir hatten auch gesagt, dass es nicht um das leichte Glück geht, um das, was da und dort als „Glück“ angesehen wird. So beenden wir dieses Buch, indem wir kurz darstellen,

was g l ü c k

denn bedeutet: Im Mittelalter schrieb man das Wort so: ge-lücke. Das Gelücke war ein Deckel, der auf einen Topf passte und so das Verdunsten des Inhalts, z.B. einer Suppe verhinderte. Un-gelücke war ein Deckel, der nicht auf den Topf passte, also unser heutiges Unglück.

Glück ist also, wenn eine Lücke, eine Leere dadurch gefüllt wird, das etwas kommt, das passt. Der Deckel auf unsere Ehe ist das intensive und vertiefte Gespräch. Das passt und lässt den Geist unserer Beziehung nicht verdunsten. Die Lücke zwischen uns wird gefüllt.

Das bedeutet Glückssucher sein – nach dem Passenden suchen. Und wir beide haben dieses Passende für uns gefunden bei einer Lebens-und Beziehungsweise nach der Botschaft von Marriage Encounter – und finden es täglich neu. Dieses Glück finden wir beschrieben in dem Wort Christi (Joh 10,10): „Ich bin gekommen, damit sie das Leben haben, und es in Fülle haben!“ Leben in Fülle zu finden, das ist Glück im tiefsten Sinne; das ist das Passende, das passt uns. Das wollen wir, das wünschen wir uns, das finden wir, wenn wir unsere Ehe unter Gottes Segen stellen und jenes Wort Jesu beherzigen, das bei Marriage Encounter als Leitsatz gilt:

„Liebet einander, so wie ich euch geliebt habe!“ (Joh 13,34)

Viel Ge-lück!

wer wir wirklich sind
oder: unser glück als eheleute

mann und frau spiegeln mit
enthülltem antlitz,
das antlitz gottes wider in der welt.
er will aufleuchten, klar, in unserm
anblick,
dass seine schönheit weithin auch
gefällt.
wir werden durch ihn in sein bild verwandelt
und spiegeln wider seine herrlichkeit.

noch rätselhaft, geheimnisstark umschlossen,
spiegeln in uns sich vater, sohn und geist.
als mann und frau im ehebund beschlossen,
sind wir es, deren liebe göttlich heißt.
in schwachheit und im tun zwar oft gebrochen,
strahlt durch uns dennoch hell sein glanz hindurch.

von herrlichkeit zu herrlichkeit verwandelt,
sind wir durch gottes geist, der in uns lebt.
er ist es, der in treue an uns handelt,
der uns gestalt gibt, bringt in rechte form,
dass wir ihm gleichen, der in uns will wachsen;
in seiner form, da wachsen wir denn auch.

als mann und frau sind wir in gott geborgen,
sein abbild sind wir, gottes ebenbild.
sind wie ein spiegel, darin ist verborgen,
was an des tageslicht doch kommen will
auch wir erkennen jetzt nur wie im spiegel.
doch kommt der tag: da sehen wir ganz klar.

gott, dir sei dank für deine tiefe liebe,
die uns mehr prägt und ähnlicher dir macht.
wir sind dein dornbusch hier im weltgetriebe,
du bist das licht, von dir kommt unsre kraft.
wir alle spiegeln mit enthülltem antlitz
dein antlitz wider hier in unsrer welt wk

ausblick

ehe: damit Gottes Name überall aufscheint

oder: Gegen-Sätze ziehen sich an und beleben

Wir alle spiegeln Gott wider in dieser Welt: dieser letzte Satz des vorangegangenen Betrachtungstextes, wird in einer Legende sehr schön deutlich gemacht – und dies sei der eigentliche Ausblick am Ende dieses Buches.

Diese Legende erzählt, wie Gott es gemacht hat, dass sein herrlicher Gottesname (Gepriesen sei er!) in der Welt aufleuchten kann. Er, der der Vater aller Weisheit ist, nahm bei der Erschaffung des Menschen die Buchstaben seines Gottesnamens, teilte sie auf und gab der Frau einen Anteil davon, und gab auch dem Mann einen Anteil davon. Damit konnte er zwei Ziele verfolgen. Das erste Ziel: da die nun aufgeteilten Buchstaben wieder zusammendrängten (sie trugen die Sehnsucht nach dem Ganzen in sich), war dies die Kraft, die Mann und Frau zueinander brachte. Die Sehnsucht nach dem Ganzsein war der Trieb, der Mann und Frau dazu drängte, auch sich zu vereinigen. Und so konnte die Schöpfung fortgesetzt werden: neues Leben wurde gezeugt und geboren. Und so geht die Welt weiter.

Sein zweites Ziel war: weil Mann und Frau durch die Anziehung der Gottesbuchstaben zueinander drängten, würde immer dort sein ganzer Name aufleuchten, wo Mann und Frau heiraten und die Ehe begründen. Mann und Frau bringen also den Gottesnamen zum Leuchten.

Stellen wir uns vor, Gott hätte den Männern die Buchstaben G und T anvertraut, und den Frauen das O und das zweite T. Frauen würden demnach nur OT aufscheinen lassen; und Männer nur GT. Wer erkennt darin schon Gott?

Doch Mann und Frau zusammen, als Ehepaar, da reiht sich und reimt sich alles zusammen: **G + O + T + T** !!

Ehe ist also das Zusammenkommen von Unterschieden: unterschiedliche Gottesbuchstaben, unterschiedliche Sätze, unterschiedliche Personen mit unterschiedlichem Wesen. Der alles nivellierende „alles-ist-gleich-Wahnwitz“, der wie mit der Dampfwalze alles platt macht, ist Gott demnach also völlig fremd. Nein, die Gegensätze ziehen sich an. Und was die manchmal es uns schwer machenden Unterschiede zwischen den Eheleuten betrifft: *der Andere ist mir mit seiner Unterschiedlichkeit von Gott gegeben worden, damit ich daran wachse und reife!*

Ja die Unterschiede zwischen Mann und Frau bringen (fruchtbare) Spannung in die Welt, und sie machen das Wort und **den Namen Gottes lesbar**, auch in der Ehe.

Ehe ist eine spannende Angelegenheit, weil sie ein Zusammensein von Mann und Frau ist (nach katholischem Verständnis). Als der Mensch am Anfang allein war, fand er keine Entsprechung in sich selbst, sondern in der Frau, die Gott ihm zuführte. Seitdem knistert es in der Schöpfung. Seitdem ist „Spannung in der Bude" (im belebenden, manchmal auch im belastenden Sinne – zwischen Mann und Frau). Seitdem brennt die Liebe wie ein Feuer.

Nicht immer gefallen uns die Spannungen. Doch: alle Spannungen im Leben halten uns am Leben. Die Spannung zwischen Tag und Nacht,. hell und dunkel, kalt und warm sind wichtige „Gegen-Sätze" – die Leben ins Leben bringen. Auch der elektrische Strom lebt von Plus und Minus, sonst bringt er nichts, sonst bewegt er nichts.

Die ganze Schöpfung ist von diesen Gegensätzen durchdrungen. Mann und Frau: der Zeugende und die Empfangende, die dann miteinander zu Leben Schenkenden werden.... sie können es nur durch die „Gegen-Sätze", weil jeder von ihnen total andersartig ist, einen anderen „Satz" aus Gottes Namen (seinem Schöpferwort) in sich trägt. Aus dieser Andersartigkeit erwächst Fruchtbarkeit (im leiblichen und auch im geistigen Sinne). Wenn alles gleich wäre, wäre es langweilig und ohne abenteuerliche Spannung, letztlich auch unfruchtbar. Damit die Funken fliegen (im positiven Sinne) braucht es die Gegen-Sätze. Gegen-Satz heißt: jeder muss seinen „Satz" ins Spiel bringen, der ein anderer ist als der Satz des Partners. Jeder bringt andere Gottesbuchstaben ein.

Die Ehe ist ein langes Gespräch und ein lebenslanger Prozess des Zusammenbringens der Gegen-Sätze und Unterschiede, um damit Einheit zu schaffen, die lebenslang immer auch eine brüchige sein wird. Die dabei entstehende Spannung, der dabei entstehende Kraftstrom (Plus und Minus) treibt uns an, ist der Treibstoff, immer mehr zusammen zu kommen......

.....damit Gottes Name durch uns aufleuchtet und sichtbar wird

Printed by Books on Demand GmbH, Norderstedt / Germany